HAMBURGER LESEHEFTE

PLUS

TEXT UND MATERIALIEN

JOHANN WOLFGANG VON GOETHE

DIE LEIDEN DES JUNGEN WERTHER

HLV

Bange Verlag

HAMBURGER LESEHEFTE PLUS
KÖNIGS MATERIALIEN
506. HEFT

Zur Textgestaltung

Unserer Ausgabe liegt der Text der von Erich Trunz herausgegebenen Hamburger Ausgabe in 14 Bänden von Goethes Werken, Band VI, Romane und Novellen I, München 1993, zugrunde. Der Text bringt das Werk in der überarbeiteten Fassung von 1787, in der es von da an zum Druck gelangte. Rechtschreibung und Zeichensetzung wurden den neuen amtlichen Regeln behutsam angeglichen.

Analysiert und interpretiert mit Textverweisen auf dieses Heft wird *Die Leiden des jungen Werther* in Königs Erläuterungen, 978-3-8044-1900-1, C. Bange Verlag.

1. Auflage 2019

Alle Drucke dieser Ausgabe und die der Hamburger Lesehefte sind untereinander unverändert und können im Unterricht nebeneinander genutzt werden.

Heftbearbeitung Text: Uwe Lehmann
Heftbearbeitung Materialien: Carina Orf
Umschlaggestaltung und Layout: Petra Michel
Umschlagzeichnung: Ingeborg Strange-Friis
Druck und Weiterverarbeitung: Husum Druck- und Verlagsgesellschaft, Husum

ISBN 978-3-8044-2598-9

www.bange-verlag.de

ISBN 978-3-87291-505-4

www.verlagsgruppe.de

INHALT

Ich Perspektive: Identifikation, unmittelbar erleben

Natur als Spiegel d. Seele
Fluchtort
Donner = drohende Katastrophe

Sprache: Ellipsen
um Stand (gehobenes Bürgerton) zu zeigen
kann verschSprachen spreche
Exclamatio, vgl mit Natur
Kraft ausdrücke, Halbsätze
entspricht nicht gesellschaftliche Normen

Albert ≠ Werther
Verstand
Pflichtbewusst

* Hoffnung glücklicher Neubeginn
neue lockere Bekanntschaften
Sehnsucht

← Die Pfeile verweisen auf Anmerkungen im Anhang.
Kurze Worterläuterungen stehen direkt neben dem Text.

Was ich von der Geschichte des armen Werther nur habe auffinden können, habe ich mit Fleiß gesammelt und lege es euch hier vor, und weiß, dass ihr mir's danken werdet. Ihr könnt seinem Geiste und seinem Charakter eure Bewunderung und Liebe, seinem Schicksale eure Tränen nicht versagen.

Und du, gute Seele, die du eben den Drang fühlst wie er, schöpfe Trost aus seinem Leiden und lass das Büchlein deinen Freund sein, wenn du aus Geschick oder eigener Schuld keinen nähern finden kannst.

ERSTES BUCH

Am 4. Mai 1771.

Wie froh bin ich, dass ich weg bin! Bester Freund, was ist das Herz des Menschen! Dich zu verlassen, den ich so liebe, von dem ich unzertrennlich war, und froh zu sein! Ich weiß, du verzeihst mir's. Waren nicht meine übrigen Verbindungen recht ausgesucht vom Schicksal, um ein Herz wie das meine zu ängstigen? Die arme Leonore! Und doch war ich unschuldig. Konnt' ich dafür, dass, während die eigensinnigen Reize ihrer Schwester mir eine angenehme Unterhaltung verschafften, dass eine Leidenschaft in dem armen Herzen sich bildete? Und doch – bin ich ganz unschuldig? Hab ich nicht ihre Empfindungen genährt? hab ich mich nicht an den ganz wahren Ausdrücken der Natur, die uns so oft zu lachen machten, so wenig lächerlich sie waren, selbst ergetzt? hab ich nicht – O was ist der Mensch, dass er über sich klagen darf! Ich will, lieber Freund, ich verspreche dir's, ich will mich bessern, will nicht mehr ein bisschen Übel, das uns das Schicksal vorlegt, wiederkäuen, wie ich's immer getan habe; ich will das Gegenwärtige genießen und das Vergangene soll mir vergangen sein. Gewiss, du hast recht, Bester, der Schmerzen wären minder unter den Menschen, wenn sie nicht – Gott weiß, warum sie so gemacht sind – mit so viel Emsigkeit der Einbildungskraft sich beschäftigten, die Erinnerungen des vergangenen Übels zurückzurufen, eher als eine gleichgültige Gegenwart zu ertragen.

ergetzt ergötzt

Du bist so gut, meiner Mutter zu sagen, dass ich ihr Geschäft bestens betreiben und ihr ehstens Nachricht davon geben werde. Ich habe meine Tante gesprochen und bei Weitem das böse Weib nicht gefunden, das man bei uns aus ihr macht. Sie ist eine muntere, heftige Frau von dem besten Herzen. Ich erklärte ihr meiner Mutter Beschwerden über den zurückgehaltenen Erbschaftsanteil; sie sagte mir ihre Gründe, Ursachen und die Bedingungen, unter welchen sie bereit wäre, alles herauszugeben, und mehr als wir verlangten – Kurz, ich mag jetzt nichts davon schreiben, sage meiner Mutter, es werde alles gut gehen. Und ich habe, mein Lieber, wieder bei diesem kleinen Geschäft gefunden, dass Missverständnisse und Trägheit vielleicht mehr Irrungen in der Welt machen als List und Bosheit. Wenigstens sind die beiden Letzteren gewiss seltener.

Übrigens befinde ich mich hier gar wohl. Die Einsamkeit ist meinem Herzen köstlicher Balsam in dieser paradiesischen Gegend, und diese Jahreszeit der Jugend wärmt mit aller Fülle mein oft schauderndes Herz. Jeder Baum, jede Hecke ist ein Strauß von Blüten, und man möchte zum Maienkäfer werden, um in dem Meer von Wohlgerüchen herumschweben und alle seine Nahrung darin finden zu können.

Die Stadt selbst ist unangenehm, dagegen ringsumher eine unaussprechliche Schönheit der Natur. Das bewog den verstorbenen Grafen von M.., einen Garten auf einem der Hügel anzulegen, die mit der schönsten Mannigfaltigkeit sich kreuzen und die lieblichsten Täler bilden. Der Garten ist einfach, und man fühlt gleich bei dem Eintritte, dass nicht ein wissenschaftlicher Gärtner, sondern ein fühlendes Herz den Plan gezeichnet, das seiner selbst hier genießen wollte. Schon manche Träne hab ich dem Abgeschiedenen in dem verfallenen Kabinettchen geweint, das sein Lieblingsplätzchen war und auch meines ist. Bald werde ich Herr vom Garten sein; der Gärtner ist mir zugetan, nur seit den paar Tagen, und er wird sich nicht übel dabei befinden.

Am 10. Mai.

Eine wunderbare Heiterkeit hat meine ganze Seele eingenommen, gleich den süßen Frühlingsmorgen, die ich mit ganzem Herzen genieße. Ich bin allein und freue mich meines Lebens in dieser Gegend, die für solche Seelen geschaffen ist wie die meine. Ich bin so glücklich, mein Bester, so ganz in dem Gefühle von ruhigem Dasein versunken, dass meine Kunst darunter leidet. Ich könnte jetzt nicht zeichnen, nicht einen Strich, und bin nie ein größerer Maler gewesen als in diesen Augenblicken. Wenn das liebe Tal um mich dampft und die hohe Sonne an der Oberfläche der undurchdringlichen Finsternis meines Waldes ruht und nur einzelne Strahlen sich in das innere Heiligtum stehlen, ich dann im hohen Grase am fallenden Bache liege und näher an der Erde tausend mannigfaltige Gräschen mir merkwürdig werden; wenn ich das Wimmeln der kleinen Welt zwischen Halmen, die unzähligen, unergründlichen Gestalten der Würmchen, der Mückchen näher an meinem Herzen fühle und fühle die Gegenwart des Allmächtigen, der uns nach seinem Bilde schuf, das Wehen des Allliebenden, der uns in ewiger Wonne schwebend trägt und erhält; mein Freund! wenn's dann um meine Augen dämmert und die Welt um mich her und der Himmel ganz in meiner Seele ruhn wie die Gestalt einer Geliebten – dann sehne ich mich oft und denke: Ach könntest du das wieder ausdrücken, könntest du dem Papiere das einhauchen, was so voll, so warm in dir lebt, dass es würde der Spiegel deiner Seele, wie deine Seele ist der Spiegel des unendlichen Gottes! – Mein Freund – Aber ich gehe darüber zugrunde, ich erliege unter der Gewalt der Herrlichkeit dieser Erscheinungen.

Am 12. Mai.

Ich weiß nicht, ob täuschende Geister um diese Gegend schweben oder ob die warme himmlische Fantasie in meinem Herzen ist, die mir alles ringsumher so paradiesisch macht. Da ist gleich vor dem Orte ein Brunnen, ein Brunnen, an den ich gebannt bin wie Melusine mit ihren Schwestern. – Du gehst einen kleinen Hügel hinunter und findest dich vor einem Gewölbe, da wohl zwanzig Stufen hinabgehen, wo unten das klarste Wasser aus Marmorfelsen quillt. Die kleine Mauer, die oben umher die Einfassung macht, die hohen Bäume, die den Platz ringsumher bedecken, die Kühle des Orts; das hat alles so was Anzügliches, was Schauerliches. Es vergeht kein Tag, dass ich nicht eine Stunde da sitze. Da kommen dann die Mädchen aus der Stadt und holen Wasser, das harmloseste Geschäft und das nötigste, das ehemals die Töchter der Könige selbst verrichteten. Wenn ich da sitze, so lebt die patriarchalische Idee so lebhaft um mich, wie sie, alle die Altväter, am Brunnen Bekanntschaft machen und freien und wie um die Brunnen und Quellen wohltätige Geister schweben. Oh, der muss nie nach einer schweren Sommertagswanderung sich an des Brunnens Kühle gelabt haben, der das nicht mitempfinden kann.

Anzügliches
Anziehendes

Am 13. Mai.

Du fragst, ob du mir meine Bücher schicken sollst? – Lieber, ich bitte dich um Gottes willen, lass mir sie vom Halse! Ich will nicht mehr geleitet, ermuntert, angefeuert sein, braust dieses Herz doch genug aus sich selbst; ich brauche Wiegengesang und den habe ich in seiner Fülle gefunden in meinem Homer. Wie oft lull ich mein empörtes Blut zur Ruhe, denn so ungleich, so unstet hast du nichts gesehn als dieses Herz. Lieber! brauch ich dir das zu sagen, der du so oft die Last getragen hast, mich vom Kummer zur Ausschweifung und von süßer Melancholie zur verderblichen Leidenschaft übergehen zu sehn? Auch halte ich mein Herzchen wie ein krankes Kind; jeder Wille wird ihm gestattet. Sage das nicht weiter; es gibt Leute, die mir es verübeln würden.

Am 15. Mai.

Die geringen Leute des Ortes kennen mich schon und lieben mich, besonders die Kinder. Eine traurige Bemerkung hab ich gemacht. Wie ich im Anfange mich zu ihnen gesellte, sie freundschaftlich fragte über dies und das, glaubten einige, ich wollte ihrer spotten, und fertigten mich wohl gar grob ab. Ich ließ mich das nicht verdrießen; nur fühlte ich, was ich schon oft bemerkt habe, auf das lebhafteste: Leute von einigem Stande werden sich immer in kalter Entfernung vom gemeinen Volke halten, als glaubten sie durch Annäherung zu verlieren; und dann gibt's Flüchtlinge und üble Spaßvögel, die sich herabzulassen scheinen, um ihren Übermut dem armen Volke desto empfindlicher zu machen.

> **Flüchtlinge** oberflächliche (flüchtige) Menschen

Ich weiß wohl, dass wir nicht gleich sind noch sein können; aber ich halte dafür, dass der, der nötig zu haben glaubt, vom so genannten Pöbel sich zu entfernen, um den Respekt zu erhalten, ebenso tadelhaft ist als ein Feiger, der sich vor seinem Feinde verbirgt, weil er zu unterliegen fürchtet.

Letzthin kam ich zum Brunnen und fand ein junges Dienstmädchen, das ihr Gefäß auf die unterste Treppe gesetzt hatte und sich umsah, ob keine Kameradin kommen wollte, ihr es auf den Kopf zu helfen. Ich stieg hinunter und sah sie an. – „Soll ich Ihr helfen, Jungfer?“, sagte ich. – Sie ward rot über und über. – „O nein, Herr!“, sagte sie. – „Ohne Umstände.“ – Sie legte ihren Kringen zurecht und ich half ihr. Sie dankte und stieg hinauf.

Den 17. Mai.

Ich habe allerlei Bekanntschaft gemacht, Gesellschaft habe ich noch keine gefunden. Ich weiß nicht, was ich Anzügliches für die

Menschen haben muss; es mögen mich ihrer so viele und hängen sich an mich, und da tut mir's weh, wenn unser Weg nur eine kleine Strecke miteinander geht. Wenn du fragst, wie die Leute hier sind, muss ich dir sagen: wie überall! Es ist ein einförmiges Ding um das Menschengeschlecht. Die meisten verarbeiten den größten Teil der Zeit, um zu leben, und das bisschen, das ihnen von Freiheit übrig bleibt, ängstigt sie so, dass sie alle Mittel aufsuchen, um es loszuwerden. O Bestimmung des Menschen!

Aber eine recht gute Art Volks! Wenn ich mich manchmal vergesse, manchmal mit ihnen die Freuden genieße, die den Menschen noch gewährt sind, an einem artig besetzten Tisch mit aller Offen- und Treuherzigkeit sich herumzuspaßen, eine Spazierfahrt, einen Tanz zur rechten Zeit anzuordnen und dergleichen, das tut eine ganz gute Wirkung auf mich; nur muss mir nicht einfallen, dass noch so viele andere Kräfte in mir ruhen, die alle ungenutzt vermodern und die ich sorgfältig verbergen muss. Ach, das engt das ganze Herz so ein. – Und doch! missverstanden zu werden ist das Schicksal von unsereinem.

Ach, dass die Freundin meiner Jugend dahin ist, ach, dass ich sie je gekannt habe! – Ich würde sagen: Du bist ein Tor! du suchst, was hienieden nicht zu finden ist: Aber ich habe sie gehabt, ich habe das Herz gefühlt, die große Seele, in deren Gegenwart ich mir schien mehr zu sein, als ich war, weil ich alles war, was ich sein konnte. Guter Gott! blieb da eine einzige Kraft meiner Seele ungenutzt? Konnt' ich nicht vor ihr das ganze wunderbare Gefühl entwickeln, mit dem mein Herz die Natur umfasst? War unser Umgang nicht ein ewiges Weben von der feinsten Empfindung, dem schärfsten Witze, dessen Modifikationen, bis zur Unart, alle mit dem Stempel des Genies bezeichnet waren? Und nun! – Ach, ihre Jahre, die sie voraus hatte, führten sie früher ans Grab als mich. Nie werde ich sie vergessen, nie ihren festen Sinn und ihre göttliche Duldung.

Modifikation
Abwandlung, Veränderung

Vor wenig Tagen traf ich einen jungen V.. an, einen offnen Jungen mit einer gar glücklichen Gesichtsbildung. Er kommt erst von Akademien, dünkt sich eben nicht weise, aber glaubt doch, er wisse mehr als andere. Auch war er fleißig, wie ich an allerlei spüre, kurz, er hat hübsche Kenntnisse. Da er hörte, dass ich viel zeichnete und Griechisch könnte (zwei Meteore hier zu Lande), wandte er sich an mich und kramte viel Wissens aus, von Batteux bis zu Wood, von de Piles zu Winckelmann, und versicherte mich, er habe Sulzers Theorie, den ersten Teil, ganz durchgelesen und besitze ein Manuskript von Heynen über das Studium der Antike. Ich ließ das gut sein.

← Noch gar einen braven Mann habe ich kennen lernen, den fürstlichen Amtmann, einen offenen, treuherzigen Menschen. Man sagt, es soll eine Seelenfreude sein, ihn unter seinen Kindern zu sehen, deren er neun hat; besonders macht man viel Wesens von seiner ältesten Tochter. Er hat mich zu sich gebeten, und ich will ihn eh'ster Tage besuchen. Er wohnt auf einem fürstlichen Jagdhofe, anderthalb Stunden von hier, wohin er nach dem Tode seiner Frau zu ziehen die Erlaubnis erhielt, da ihm der Aufenthalt hier in der Stadt und im Amthause zu weh tat.

Sonst sind mir einige verzerrte Originale in den Weg gelaufen, an denen alles unausstehlich ist, am unerträglichsten ihre Freundschaftsbezeigungen.

Leb wohl! der Brief wird dir recht sein, er ist ganz historisch.

Am 22. Mai.

Einschränkung
zentraler Begriff
für Werther

Dass das Leben des Menschen nur ein Traum sei, ist manchem schon so vorgekommen und auch mit mir zieht dieses Gefühl immer herum. Wenn ich die Einschränkung ansehe, in welcher die tätigen und forschenden Kräfte des Menschen eingesperrt sind; wenn ich sehe, wie alle Wirksamkeit dahinaus läuft, sich die Befriedigung von Bedürfnissen zu verschaffen, die wieder keinen Zweck haben, als unsere arme Existenz zu verlängern, und dann, dass alle Beruhigung über gewisse Punkte des Nachforschens nur eine träumende Resignation ist, da man sich die Wände, zwischen denen man gefangen sitzt, mit bunten Gestalten und lichten Aussichten bemalt – Das alles, Wilhelm, macht mich stumm. Ich kehre in mich selbst zurück und finde eine Welt! Wieder mehr in Ahnung und dunkler Begier als in Darstellung und lebendiger Kraft. Und da schwimmt alles vor meinen Sinnen und ich lächle dann so träumend weiter in die Welt.

Dass die Kinder nicht wissen, warum sie wollen, darin sind alle hochgelahrten Schul- und Hofmeister einig; dass aber auch Erwachsene gleich Kindern auf diesem Erdboden herumtaumeln und wie jene nicht wissen, woher sie kommen und wohin sie gehen, ebenso wenig nach wahren Zwecken handeln, ebenso durch Biskuit und Kuchen und Birkenreiser regiert werden: das will niemand gern glauben, und mich dünkt, man kann es mit Händen greifen.

Ich gestehe dir gern, denn ich weiß, was du mir hierauf sagen möchtest, dass diejenigen die Glücklichsten sind, die gleich den Kindern in den Tag hinein leben, ihre Puppen herumschleppen, aus- und anziehen und mit großem Respekt um die Schublade umherschleichen, wo Mama das Zuckerbrot hineingeschlossen hat, und wenn sie das gewünschte endlich erhaschen, es mit vollen Backen verzehren und rufen: Mehr! – Das sind glückliche Geschöpfe. Auch denen ist's wohl, die ihren Lumpenbeschäftigungen oder wohl gar ihren Leidenschaften prächtige Titel geben und sie dem Menschengeschlechte als Riesenoperationen zu dessen Heil und Wohlfahrt anschreiben. – Wohl dem, der so sein kann! Wer aber in seiner Demut erkennt, wo das alles hinausläuft, wer da sieht, wie artig jeder Bürger, dem es wohl ist, sein Gärtchen zum Paradiese zuzustutzen weiß, und wie unverdrossen dann doch auch der Unglückliche unter der Bürde seinen Weg fortkeucht und alle gleich interessiert sind, das Licht dieser Sonne noch eine Minute länger zu sehn – ja, der ist still und bildet auch seine Welt aus sich selbst und ist auch glücklich, weil er ein Mensch ist. Und dann, so eingeschränkt er ist, hält er doch immer im Herzen das süße Gefühl der Freiheit und dass er diesen Kerker verlassen kann, wann er will.

Am 26. Mai.

Du kennst von alters her meine Art, mich anzubauen, mir irgend an einem vertraulichen Orte ein Hüttchen aufzuschlagen und da mit aller Einschränkung zu herbergen. Auch hier hab ich wieder ein Plätzchen angetroffen, das mich angezogen hat.

Ungefähr eine Stunde von der Stadt liegt ein Ort, den sie Wahlheim* nennen. Die Lage an einem Hügel ist sehr interessant, und wenn man oben auf dem Fußpfade zum Dorf herausgeht, übersieht man auf einmal das ganze Tal. Eine gute Wirtin, die gefällig und munter in ihrem Alter ist, schenkt Wein, Bier, Kaffee; und was über alles geht, sind zwei Linden, die mit ihren ausgebreiteten Ästen den kleinen Platz vor der Kirche bedecken, der ringsum mit Bauerhäusern, Scheuern und Höfen eingeschlossen ist. So vertraulich, so heimlich hab ich nicht leicht ein Plätzchen gefunden, und dahin lass ich mein Tischchen aus dem Wirtshause bringen und meinen Stuhl, trinke meinen Kaffee da und lese meinen Homer. Das erste Mal, als ich durch einen Zufall an einem schönen Nachmittage unter die Linden kam, fand ich das Plätzchen so ein-

* Der Leser wird sich keine Mühe geben, die hier genannten Orte zu suchen, man hat sich genötigt gesehen, die im Originale befindlichen wahren Namen zu verändern.

sam. Es war alles im Felde, nur ein Knabe von ungefähr vier Jahren saß an der Erde und hielt ein anderes, etwa halbjähriges, vor ihm zwischen seinen Füßen sitzendes Kind mit beiden Armen wider seine Brust, sodass er ihm zu einer Art von Sessel diente, und ungeachtet der Munterkeit, womit er aus seinen schwarzen Augen herumschaute, ganz ruhig saß. Mich vergnügte der Anblick: Ich setzte mich auf einen Pflug, der gegenüber stand, und zeichnete die brüderliche Stellung mit vielem Ergetzen. Ich fügte den nächsten Zaun, ein Scheunentor und einige gebrochene Wagenräder bei, alles wie es hintereinander stand, und fand nach Verlauf einer Stunde, dass ich eine wohl geordnete, sehr interessante Zeichnung verfertigt hatte, ohne das Mindeste von dem Meinen hinzuzutun. Das bestärkte mich in meinem Vorsatze, mich künftig allein an die Natur zu halten. Sie allein ist unendlich reich und sie allein bildet den großen Künstler. Man kann zum Vorteile der Regeln viel sagen, ungefähr was man zum Lobe der bürgerlichen Gesellschaft sagen kann. Ein Mensch, der sich nach ihnen bildet, wird nie etwas Abgeschmacktes und Schlechtes hervorbringen, wie einer, der sich durch Gesetze und Wohlstand modeln lässt, nie ein unerträglicher Nachbar, nie ein merkwürdiger Bösewicht werden kann; dagegen wird aber auch alle Regel, man rede was man wolle, das wahre Gefühl von Natur und den wahren Ausdruck derselben zerstören! Sag du: ‚Das ist zu hart! Sie schränkt nur ein, beschneidet die geilen Reben' etc. – Guter Freund, soll ich dir ein Gleichnis geben? Es ist damit wie mit der Liebe. Ein junges Herz hängt ganz an einem Mädchen, bringt alle Stunden seines Tages bei ihr zu, verschwendet alle seine Kräfte, all sein Vermögen, um ihr jeden Augenblick auszudrücken, dass er sich ganz ihr hingibt. Und da käme ein Philister, ein Mann, der in einem öffentlichen Amte steht, und sagte zu ihm: ‚Feiner junger Herr! Lieben ist menschlich, nur müsst Ihr menschlich lieben! Teilet Eure Stunden ein, die einen zur Arbeit und die Erholungsstunden widmet Eurem Mädchen. Berechnet Euer Vermögen, und was Euch von Eurer Notdurft übrig bleibt, davon verwehr ich Euch nicht, ihr ein Geschenk, nur nicht zu oft, zu machen, etwa zu ihrem Geburts- und Namenstage' etc. – Folgt der Mensch, so gibt's einen brauchbaren jungen Menschen, und ich will selbst jedem Fürsten raten, ihn in ein Kollegium zu setzen; nur mit seiner Liebe ist's am Ende und, wenn er ein Künstler ist, mit seiner Kunst. O meine Freunde! warum der Strom des Genies so selten ausbricht, so selten in hohen Fluten hereinbraust und eure staunende Seele erschüttert? – Liebe Freunde, da wohnen die gelassenen Herren auf beiden Seiten des Ufers, denen ihre Gartenhäuschen, Tulpenbeete und Krautfelder zugrunde gehen würden, die daher in Zeiten mit Dämmen und Ableiten der künftig drohenden Gefahr abzuwehren wissen.

Am 27. Mai.

Ich bin, wie ich sehe, in Verzückung, Gleichnisse und Deklamation verfallen und habe darüber vergessen, dir auszuerzählen, was mit den Kindern weiter geworden ist. Ich saß, ganz in malerische Empfindung vertieft, die dir mein gestriges Blatt sehr zerstückt darlegt, auf meinem Pfluge wohl zwei Stunden. Da kommt gegen Abend eine junge Frau auf die Kinder los, die sich indes nicht gerührt hatten, mit einem Körbchen am Arm und ruft von weitem: „Philipps, du bist recht brav." – Sie grüßte mich, ich dankte ihr, stand auf, trat näher hin und fragte sie, ob sie Mutter von den Kindern wäre? Sie bejahte es, und indem sie dem Ältesten einen halben Weck gab, nahm sie das Kleine auf und küsste es mit aller mütterlichen Liebe. – „Ich habe", sagte sie, „meinem Philipps das Kleine zu halten gegeben und bin mit meinem Ältesten in die Stadt gegangen, um weiß Brot zu holen und Zucker und ein irden Breipfännchen." – Ich sah das alles in dem Korbe, dessen Deckel abgefallen war. – „Ich will meinem Hans (das war der Name des Jüngsten) ein Süppchen kochen zum Abende; der lose Vogel, der Große, hat mir gestern das Pfännchen zerbrochen, als er sich mit Philippsen um die Scharre des Breis zankte." – Ich fragte nach dem Ältesten, und sie hatte mir kaum gesagt, dass er sich auf der Wiese mit ein paar Gänsen herumjage, als er gesprungen kam und dem Zweiten eine Haselgerte mitbrachte. Ich unterhielt mich weiter mit dem Weibe und erfuhr, dass sie des Schulmeisters Tochter sei und dass ihr Mann eine Reise in die Schweiz gemacht habe, um die Erbschaft eines Vetters zu holen. – „Sie haben ihn drum betriegen wollen", sagte sie, „und ihm auf seine Briefe nicht geantwortet; da ist er selbst hineingegangen. Wenn ihm nur kein Unglück widerfahren ist, ich höre nichts von ihm." – Es ward mir schwer, mich von dem Weibe loszumachen, gab jedem der Kinder einen Kreuzer und auch fürs Jüngste gab ich ihr einen, ihm einen Weck zur Suppe mitzubringen, wenn sie in die Stadt ginge, und so schieden wir voneinander.

Scharre
zusammengekratzter, „gescharrter" Rest im Topf

Ich sage dir, mein Schatz, wenn meine Sinne gar nicht mehr halten wollen, so lindert all den Tumult der Anblick eines solchen Geschöpfs, das in glücklicher Gelassenheit den engen Kreis seines Daseins hingeht, von einem Tage zum andern sich durchhilft, die

Blätter abfallen sieht und nichts dabei denkt, als dass der Winter kommt.

Seit der Zeit bin ich oft draußen. Die Kinder sind ganz an mich gewöhnt, sie kriegen Zucker, wenn ich Kaffee trinke, und teilen das Butterbrot und die saure Milch mit mir des Abends. Sonntags fehlt ihnen der Kreuzer nie, und wenn ich nicht nach der Betstunde da bin, so hat die Wirtin Ordre, ihn auszuzahlen.

Sie sind vertraut, erzählen mir allerhand und besonders ergetze ich mich an ihren Leidenschaften und simpeln Ausbrüchen des Begehrens, wenn mehr Kinder aus dem Dorfe sich versammeln.

Viele Mühe hat mich's gekostet, der Mutter ihre Besorgnis zu nehmen, sie möchten den Herrn inkommodieren.

inkommodieren belästigen

Am 30. Mai.

Was ich dir neulich von der Malerei sagte, gilt gewiss auch von der Dichtkunst; es ist nur, dass man das Vortreffliche erkenne und es auszusprechen wage, und das ist freilich mit wenigem viel gesagt. Ich habe heute eine Szene gehabt, die, rein abgeschrieben, die schönste Idylle von der Welt gäbe; doch was soll Dichtung, Szene und Idylle? muss es denn immer gebosselt sein, wenn wir teil an einer Naturerscheinung nehmen sollen?

gebosselt kleinlich genau gearbeitet (vgl. basteln)

Wenn du auf diesen Eingang viel Hohes und Vornehmes erwartest, so bist du wieder übel betrogen; es ist nichts als ein Bauerbursch, der mich zu dieser lebhaften Teilnehmung hingerissen hat – ich werde, wie gewöhnlich, schlecht erzählen, und du wirst mich, wie gewöhnlich, denk ich, übertrieben finden; es ist wieder Wahlheim und immer Wahlheim, das diese Seltenheiten hervorbringt.

Es war eine Gesellschaft draußen unter den Linden, Kaffee zu trinken. Weil sie mir nicht ganz anstand, so blieb ich unter einem Vorwande zurück.

Ein Bauerbursch kam aus einem benachbarten Hause und beschäftigte sich, an dem Pfluge, den ich neulich gezeichnet hatte, etwas zurechtzumachen. Da mir sein Wesen gefiel, redete ich ihn an, fragte nach seinen Umständen, wir waren bald bekannt und, wie mir's gewöhnlich mit dieser Art Leuten geht, bald vertraut. Er erzählte mir, dass er bei einer Witwe in Diensten sei und von ihr gar wohl gehalten werde. Er sprach so vieles von ihr und lobte sie dergestalt, dass ich bald merken konnte, er sei ihr mit Leib und Seele zugetan. Sie sei nicht mehr jung, sagte er, sie sei von ihrem ersten Mann übel gehalten worden, wolle nicht mehr heiraten, und aus seiner Erzählung leuchtete so merklich hervor, wie schön, wie reizend sie für ihn sei, wie sehr er wünsche, dass sie ihn wählen möchte, um das Andenken der Fehler ihres ersten Mannes auszulöschen, dass ich Wort für Wort wiederholen müsste, um dir die reine Neigung, die Liebe und Treue dieses Menschen anschaulich zu machen. Ja, ich müsste die Gabe des größten Dichters besitzen, um dir zugleich den Ausdruck seiner Gebärden, die Harmonie seiner Stimme, das heimliche Feuer seiner Blicke lebendig darstellen zu können. Nein, es sprechen keine Worte die Zartheit aus, die in seinem ganzen Wesen und Ausdruck war; es ist alles nur plump, was ich wieder vorbringen könnte. Besonders rührte mich, wie er fürchtete, ich möchte über sein Verhältnis zu ihr ungleich denken und an ihrer guten Aufführung zweifeln. Wie reizend es war, wenn er von ihrer Gestalt, von ihrem Körper sprach, der ihn ohne jugendliche Reize gewaltsam an sich zog und fesselte, kann ich mir nur in meiner innersten Seele wiederholen. Ich hab in meinem Leben die dringende Begierde und das heiße, sehnliche Verlangen nicht in dieser Reinheit gesehen, ja wohl kann ich sagen, in dieser Reinheit nicht gedacht und geträumt. Schelte mich nicht, wenn ich dir sage, dass bei der Erinnerung dieser Unschuld und Wahrheit mir die innerste Seele glüht und dass mich das Bild dieser Treue und Zärtlichkeit überall verfolgt und dass ich, wie selbst davon entzündet, lechze und schmachte.

Ich will nun suchen, auch sie eh'stens zu sehn, oder vielmehr, wenn ich's recht bedenke, ich will's vermeiden. Es ist besser, ich sehe sie durch die Augen ihres Liebhabers; vielleicht erscheint sie mir vor meinen eigenen Augen nicht so, wie sie jetzt vor mir steht, und warum soll ich mir das schöne Bild verderben?

Am 16. Junius.

Warum ich dir nicht schreibe? – Fragst du das und bist doch auch der Gelehrten einer. Du solltest raten, dass ich mich wohl befinde, und zwar – Kurz und gut, ich habe eine Bekanntschaft gemacht, die mein Herz näher angeht. Ich habe – ich weiß nicht.

Dir in der Ordnung zu erzählen, wie's zugegangen ist, dass ich eins der liebenswürdigsten Geschöpfe habe kennen lernen, wird schwer halten. Ich bin vergnügt und glücklich und also kein guter Historienschreiber.

Einen Engel! – Pfui! das sagt jeder von der Seinigen, nicht wahr? Und doch bin ich nicht imstande, dir zu sagen, wie sie vollkommen ist, warum sie vollkommen ist; genug, sie hat allen meinen Sinn gefangen genommen.

So viel Einfalt bei so viel Verstand, so viel Güte bei so viel Festigkeit und die Ruhe der Seele bei dem wahren Leben und der Tätigkeit. –

Das ist alles garstiges Gewäsch, was ich da von ihr sage, leidige Abstraktionen, die nicht einen Zug ihres Selbst ausdrücken. Ein andermal – nein, nicht ein andermal, jetzt gleich will ich dir's erzählen. Tu ich's jetzt nicht, so geschäh es niemals. Denn, unter uns, seit ich angefangen habe zu schreiben, war ich schon dreimal im Begriffe, die Feder niederzulegen, mein Pferd satteln zu lassen und hinauszureiten. Und doch schwur ich mir heute früh, nicht hinauszureiten, und gehe doch alle Augenblick' ans Fenster, zu sehen, wie hoch die Sonne noch steht. –

Ich hab's nicht überwinden können, ich musste zu ihr hinaus. Da bin ich wieder, Wilhelm, will mein Butterbrot zu Nacht essen und dir schreiben. Welch eine Wonne das für meine Seele ist, sie in dem Kreise der lieben muntern Kinder, ihrer acht Geschwister, zu sehen! –

Wenn ich so fortfahre, wirst du am Ende so klug sein wie am Anfange. Höre denn, ich will mich zwingen, ins Detail zu gehen.

Ich schrieb dir neulich, wie ich den Amtmann S.. habe kennen lernen und wie er mich gebeten habe, ihn bald in seiner Einsiedelei oder vielmehr seinem kleinen Königreiche zu besuchen. Ich vernachlässigte das und wäre vielleicht nie hingekommen, hätte mir der Zufall nicht den Schatz entdeckt, der in der stillen Gegend verborgen liegt.

Unsere jungen Leute hatten einen Ball auf dem Lande angestellt, zu dem ich mich denn auch willig finden ließ. Ich bot einem hiesigen guten, schönen, übrigens unbedeutenden Mädchen die Hand, und es wurde ausgemacht, dass ich eine Kutsche nehmen, mit meiner Tänzerin und ihrer Base nach dem Orte der Lustbarkeit hinausfahren und auf dem Wege Charlotten S.. mitnehmen sollte. – „Sie werden ein schönes Frauenzimmer kennen lernen", sagte meine Gesellschafterin, da wir durch den weiten, ausgehauenen Wald nach dem Jagdhause fuhren. – „Nehmen Sie sich in Acht", versetzte die Base, „dass Sie sich nicht verlieben!" – „Wieso?", sagte ich. – „Sie ist schon vergeben", antwortete jene, „an einen sehr braven Mann, der weggereist ist, seine Sachen in Ordnung zu bringen, weil sein Vater gestorben ist, und sich um eine ansehnliche Versorgung zu bewerben." – Die Nachricht war mir ziemlich gleichgültig.

Die Sonne war noch eine Viertelstunde vom Gebirge, als wir vor dem Hoftore anfuhren. Es war sehr schwül, und die Frauenzimmer äußerten ihre Besorgnis wegen eines Gewitters, das sich in weißgrauen dumpfichten Wölkchen rings am Horizonte zusammenzuziehen schien. Ich täuschte ihre Furcht mit anmaßlicher Wetterkunde, ob mir gleich selbst zu ahnen anfing, unsere Lustbarkeit werde einen Stoß leiden.

Ich war ausgestiegen, und eine Magd, die ans Tor kam, bat uns, einen Augenblick zu verziehen, Mamsell Lottchen würde gleich kommen. Ich ging durch den Hof nach dem wohlgebauten Hause, und da ich die vorliegenden Treppen hinaufgestiegen war und in die Tür trat, fiel mir das reizendste Schauspiel in die Augen, das ich je gesehen habe. In dem Vorsaale wimmelten sechs Kinder von eilf zu zwei Jahren um ein Mädchen von schöner Gestalt, mittlerer Größe, die ein simples weißes Kleid, mit blassroten Schleifen an Arm und Brust, anhatte. Sie hielt ein schwarzes Brot und schnitt ihren Kleinen ringsherum jedem sein Stück nach Proportion ihres Alters und Appetits ab, gab's jedem mit solcher Freundlichkeit und jedes rief so ungekünstelt sein: „Danke!", indem es mit den kleinen Händchen lange in die Höhe gereicht hatte, ehe es noch abgeschnitten war, und nun mit seinem Abendbrote vergnügt entweder wegsprang oder nach seinem stillern Charakter gelassen davonging nach dem Hoftore zu, um die Fremden und die Kutsche zu sehen, darin ihre Lotte wegfahren sollte. – „Ich bitte um Vergebung", sagte sie, „dass ich Sie hereinbemühe und die Frauenzimmer warten lasse. Über dem Anziehen und allerlei Bestellungen fürs Haus in meiner Abwesenheit habe ich vergessen, meinen Kindern ihr Vesperbrot zu geben, und sie wollen von niemandem Brot geschnitten haben als von mir." – Ich machte ihr ein unbedeutendes Kompliment, meine ganze Seele ruhte auf der Gestalt, dem Tone, dem Betragen und ich hatte eben Zeit, mich von der Überraschung zu erholen, als sie in die Stube lief, ihre Handschuhe und den Fächer zu holen. Die Kleinen sahen mich in einiger Entfernung so von der Seite an, und ich ging auf das Jüngste los, das ein Kind von der glücklichsten Gesichtsbildung war. Es zog sich zurück, als eben Lotte zur Türe herauskam und sagte: „Louis, gib dem Herrn Vetter eine Hand." Das tat der Knabe sehr freimütig, und ich konnte mich nicht enthalten, ihn, ungeachtet seines kleinen Rotznäschens, herzlich zu küssen. – „Vetter?", sagte ich, indem ich ihr die Hand reichte, „glauben Sie, dass ich des Glücks wert sei, mit Ihnen verwandt zu sein?" – „Oh", sagte sie mit einem leichtfertigen Lächeln, „unsere Vetterschaft ist sehr weitläufig, und es wäre mir leid, wenn Sie der Schlimmste drunter sein sollten." – Im Gehen gab sie Sophien, der ältesten Schwester nach ihr, einem Mädchen von ungefähr eilf Jahren, den Auftrag, wohl auf die Kinder Acht zu haben und den Papa zu grüßen, wenn er vom Spazierritte nach Hause käme. Den Kleinen sagte sie, sie sollten ihrer Schwester Sophie folgen, als wenn sie's selber wäre, das denn auch einige ausdrücklich versprachen. Eine kleine, naseweise Blondine aber, von ungefähr sechs Jahren, sagte: „Du bist's doch nicht, Lottchen, wir haben dich doch lieber." – Die zwei ältesten Knaben waren hinten auf die Kutsche geklettert, und auf mein Vorbitten erlaubte sie ihnen, bis vor den Wald mitzufahren, wenn sie versprächen, sich nicht zu necken und sich recht festzuhalten.

Wir hatten uns kaum zurechtgesetzt, die Frauenzimmer sich bewillkommt, wechselweise über den Anzug, vorzüglich über die Hüte ihre Anmerkungen gemacht und die Gesellschaft, die man erwartete, gehörig durchgezogen, als Lotte den Kutscher halten und ihre Brüder herabsteigen ließ, die noch einmal ihre Hand zu küssen begehrten, das denn der Älteste mit aller Zärtlichkeit, die dem Alter von fünfzehn Jahren eigen sein kann, der andere mit viel Heftigkeit und Leichtsinn tat. Sie ließ die Kleinen noch einmal grüßen und wir fuhren weiter.

Die Base fragte, ob sie mit dem Buche fertig wäre, das sie ihr neulich geschickt hätte? – „Nein", sagte Lotte, „es gefällt mir nicht, Sie können's wiederhaben. Das Vorige war auch nicht besser." – Ich erstaunte, als ich fragte, was es für Bücher wären, und sie mir antwortete:* – Ich fand so viel Charakter in allem, was sie sagte, ich sah mit jedem Wort neue Reize, neue Strahlen des Geistes aus ihren Gesichtszügen hervorbrechen, die sich nach und nach vergnügt zu entfalten schienen, weil sie an mir fühlte, dass ich sie verstand.

„Wie ich jünger war", sagte sie, „liebte ich nichts so sehr als Romane. Weiß Gott, wie wohl mir's war, wenn ich mich sonntags so in ein Eckchen setzen und mit ganzem Herzen an dem Glück und Unstern einer Miss Jenny teilnehmen konnte. Ich leugne auch nicht, dass die Art noch einige Reize für mich hat. Doch da ich so selten an ein Buch komme, so muss es auch recht nach meinem Geschmack sein. Und der Autor ist mir der liebste, in dem ich meine Welt wieder finde, bei dem es zugeht wie um mich und dessen Geschichte mir doch so interessant und herzlich wird als mein eigen häuslich Leben, das freilich kein Paradies, aber doch im Ganzen eine Quelle unsäglicher Glückseligkeit ist."

Ich bemühte mich, meine Bewegungen über diese Worte zu verbergen. Das ging freilich nicht weit: denn da ich sie mit solcher

* Man sieht sich genötigt, diese Stelle des Briefes zu unterdrücken, um niemand Gelegenheit zu einiger Beschwerde zu geben. Obgleich im Grunde jedem Autor wenig an dem Urteile eines einzelnen Mädchens und eines jungen unsteten Menschen gelegen sein kann.

Wahrheit im Vorbeigehen vom Landpriester von Wakefield, vom –* reden hörte, kam ich ganz außer mich, sagte ihr alles, was ich musste, und bemerkte erst nach einiger Zeit, da Lotte das Gespräch an die anderen wendete, dass diese die Zeit über mit offenen Augen, als säßen sie nicht da, dagesessen hatten. Die Base sah mich mehr als einmal mit einem spöttischen Näschen an, daran mir aber nichts gelegen war.

Das Gespräch fiel aufs Vergnügen am Tanze. – „Wenn diese Leidenschaft ein Fehler ist“, sagte Lotte, „so gestehe ich Ihnen gern, ich weiß mir nichts übers Tanzen. Und wenn ich was im Kopfe habe und mir auf meinem verstimmten Klavier einen Contretanz vortrommle, so ist alles wieder gut.“

Contretanz
englischer Tanz

Wie ich mich unter dem Gespräche in den schwarzen Augen weidete – wie die lebendigen Lippen und die frischen, muntern Wangen meine ganze Seele anzogen – wie ich, in den herrlichen Sinn ihrer Rede ganz versunken, oft gar die Worte nicht hörte, mit denen sie sich ausdrückte – davon hast du eine Vorstellung, weil du mich kennst. Kurz, ich stieg aus dem Wagen wie ein Träumender, als wir vor dem Lusthause stille hielten, und war so in Träumen rings in der dämmernden Welt verloren, dass ich auf die Musik kaum achtete, die uns von dem erleuchteten Saal herunter entgegenschallte.

Die zwei Herren Audran und ein gewisser N. N. – wer behält alle die Namen! –, die der Base und Lottens Tänzer waren, empfingen uns am Schlage, bemächtigten sich ihrer Frauenzimmer und ich führte das meinige hinauf.

Wir schlangen uns in Menuetts umeinander herum; ich forderte ein Frauenzimmer nach dem andern auf, und just die unleidlichsten konnten nicht dazu kommen, einem die Hand zu reichen und ein Ende zu machen. Lotte und ihr Tänzer fingen einen Englischen an, und wie wohl mir's war, als sie auch in der Reihe die Figur mit uns anfing, magst du fühlen. Tanzen muss man sie sehen! Siehst du, sie ist so mit ganzem Herzen und mit ganzer Seele dabei, ihr ganzer Körper *eine* Harmonie, so sorglos, so unbefangen, als wenn das eigentlich alles wäre, als wenn sie sonst nichts dächte, nichts empfände; und in dem Augenblicke gewiss schwindet alles andere vor ihr.

Menuett
französischer Tanz, damals paarweise getanzt

Ich bat sie um den zweiten Contretanz; sie sagte mir den dritten zu, und mit der liebenswürdigsten Freimütigkeit von der Welt ver-

* Man hat auch hier die Namen einiger vaterländischen Autoren ausgelassen. Wer teil an Lottens Beifalle hat, wird es gewiss an seinem Herzen fühlen, wenn er diese Stelle lesen sollte, und sonst braucht es ja niemand zu wissen.

Chapeau Tänzer *(frz.)*

sicherte sie mir, dass sie herzlich gern deutsch tanze. – „Es ist hier so Mode“, fuhr sie fort, „dass jedes Paar, das zusammengehört, beim Deutschen zusammenbleibt, und mein Chapeau walzt schlecht und dankt mir’s, wenn ich ihm die Arbeit erlasse. Ihr Frauenzimmer kann’s auch nicht und mag nicht, und ich habe im Englischen gesehn, dass Sie gut walzen; wenn Sie nun mein sein wollen fürs Deutsche, so gehn Sie und bitten sich’s von meinem Herrn aus und ich will zu Ihrer Dame gehen.“ – Ich gab ihr die Hand darauf, und wir machten aus, dass ihr Tänzer inzwischen meine Tänzerin unterhalten sollte.

Nun ging’s an und wir ergetzten uns eine Weile an mannigfaltigen Schlingungen der Arme. Mit welchem Reize, mit welcher Flüchtigkeit bewegte sie sich, und da wir nun gar ans Walzen kamen und wie die Sphären umeinander herumrollten, ging’s freilich anfangs, weil’s die wenigsten können, ein bisschen bunt durcheinander. Wir waren klug und ließen sie austoben, und als die Ungeschicktesten den Plan geräumt hatten, fielen wir ein und hielten mit noch einem Paare, mit Audran und seiner Tänzerin, wacker aus. Nie ist mir’s so leicht vom Flecke gegangen. Ich war kein Mensch mehr. Das liebenswürdigste Geschöpf in den Armen zu haben und mit ihr herumzufliegen wie Wetter, dass alles ringsumher verging, und Wilhelm, um ehrlich zu sein, tat ich aber doch den Schwur, dass ein Mädchen, das ich liebte, auf das ich Ansprüche hätte, mir nie mit einem andern walzen sollte als mit mir, und wenn ich drüber zugrunde gehen müsste. Du verstehst mich!

Wir machten einige Touren gehend im Saale, um zu verschnaufen. Dann setzte sie sich, und die Orangen, die ich beiseite gebracht hatte, die nun die einzigen noch übrigen waren, taten vortreffliche Wirkung, nur dass mir mit jedem Schnittchen, das sie einer unbescheidenen Nachbarin ehrenhalben zuteilte, ein Stich durchs Herz ging.

Beim dritten englischen Tanz waren wir das zweite Paar. Wie wir die Reihe durchtanzten und ich, weiß Gott mit wieviel Wonne, an ihrem Arm und Auge hing, das voll vom wahrsten Ausdruck des offensten reinsten Vergnügens war, kommen wir an eine Frau, die mir wegen ihrer liebenswürdigen Miene auf einem nicht mehr ganz jungen Gesichte merkwürdig gewesen war. Sie sieht Lotten lächelnd an, hebt einen drohenden Finger auf und nennt den Namen Albert zweimal im Vorbeifliegen mit viel Bedeutung.

„Wer ist Albert?“, sagte ich zu Lotten, „wenn’s nicht Vermessenheit ist zu fragen.“ – Sie war im Begriff zu antworten, als wir uns scheiden mussten, um die große Achte zu machen, und mich dünkte einiges Nachdenken auf ihrer Stirn zu sehen, als wir so voreinander vorbeikreuzten. – „Was soll ich's Ihnen leugnen", sagte sie, indem sie mir die Hand zur Promenade bot. „Albert ist ein braver Mensch, dem ich so gut als verlobt bin." – Nun war mir das nichts Neues (denn die Mädchen hatten mir's auf dem Wege gesagt) und war mir doch so ganz neu, weil ich es noch nicht im Verhältnis auf sie, die mir in so wenig Augenblicken so wert geworden war, gedacht hatte. Genug, ich verwirrte mich, vergaß mich und kam zwischen das unrechte Paar hinein, dass alles drunter und drüber ging und Lottens ganze Gegenwart und Zerren und Ziehen nötig war, um es schnell wieder in Ordnung zu bringen.

Promenade Tanzfigur

Der Tanz war noch nicht zu Ende, als die Blitze, die wir schon lange am Horizonte leuchten gesehn und die ich immer für Wetterkühlen ausgegeben hatte, viel stärker zu werden anfingen und der Donner die Musik überstimmte. Drei Frauenzimmer liefen aus der Reihe, denen ihre Herren folgten; die Unordnung wurde allgemein und die Musik hörte auf. Es ist natürlich, wenn uns ein Unglück oder etwas Schreckliches im Vergnügen überrascht, dass es stärkere Eindrücke auf uns macht als sonst, teils wegen des Gegensatzes, der sich so lebhaft empfinden lässt, teils und noch mehr, weil unsere Sinne einmal der Fühlbarkeit geöffnet sind und also desto schneller einen Eindruck annehmen. Diesen Ursachen muss ich die wunderbaren Grimassen zuschreiben, in die ich mehrere Frauenzimmer ausbrechen sah. Die klügste setzte sich in eine Ecke, mit dem Rücken gegen das Fenster, und hielt die Ohren zu. Eine andere kniete vor ihr nieder und verbarg den Kopf in der ersten Schoß. Eine dritte schob sich zwischen beide hinein und umfasste ihre Schwesterchen mit tausend Tränen. Einige wollten nach Hause; andere, die noch weniger wussten, was sie taten, hatten nicht so viel Besinnungskraft, den Keckheiten unserer jungen Schlucker zu steuern, die sehr beschäftigt zu sein schienen, alle die ängstlichen Gebete, die dem Himmel bestimmt waren, von den Lippen der schönen Bedrängten wegzufangen. Einige unserer Herren hatten sich hinabbegeben, um ein Pfeifchen in Ruhe zu rauchen; und die übrige Gesellschaft schlug es nicht aus, als die Wirtin auf den klugen Einfall kam, uns ein Zimmer anzuweisen, das Läden und Vorhänge hätte. Kaum waren wir da angelangt, als Lotte beschäftigt war, einen Kreis von Stühlen zu stellen und, als sich die Gesellschaft auf ihre Bitte gesetzt hatte, den Vortrag zu einem Spiele zu tun.

Wetterkühlen Wetterleuchten als Zeichen der Abkühlung

Vortrag hier so viel wie Ausführungen eines Vorschlags

Ich sah manchen, der in Hoffnung auf ein saftiges Pfand sein Mäulchen spitzte und seine Glieder reckte. – „Wir spielen Zählens!", sagte sie. „Nun gebt Acht! Ich geh im Kreise herum von der Rechten zur Linken, und so zählt ihr auch ringsherum, jeder die Zahl, die an ihn kommt, und das muss gehen wie ein Lauffeuer, und wer stockt oder sich irrt, kriegt eine Ohrfeige, und so bis tausend." Nun war das lustig anzusehen. Sie ging mit ausgestrecktem Arm im Kreis herum. „Eins", fing der Erste an, der Nachbar „zwei", „drei" der Folgende und so fort. Dann fing sie an, geschwinder zu gehn, immer geschwinder; da versah's einer: Patsch! eine Ohrfeige, und über das Gelächter der folgende auch: Patsch! Und immer geschwinder. Ich selbst kriegte zwei Maulschellen und glaubte mit innigem Vergnügen zu bemerken, dass sie stärker seien, als sie sie den Übrigen zuzumessen pflegte. Ein allgemeines Gelächter und Geschwärm endigte das Spiel, ehe noch das Tausend ausgezählt war. Die Vertrautesten zogen einander beiseite, das Gewitter war vorüber und ich folgte Lotten in den Saal. Unterwegs sagte sie: „Über die Ohrfeigen haben sie Wetter und alles vergessen!" – Ich konnte ihr nichts antworten. – „Ich war", fuhr sie fort, „eine der Furchtsamsten, und indem ich mich herzhaft stellte, um den andern Mut zu geben, bin ich mutig geworden." – Wir traten ans Fenster. Es donnerte abseitwärts, und der herrliche Regen säuselte auf das Land und der erquickendste Wohlgeruch stieg in aller Fülle einer warmen Luft zu uns auf. Sie stand, auf ihren Ellenbogen gestützt, ihr Blick durchdrang die Gegend, sie sah gen Himmel und auf mich, ich sah ihr Auge tränenvoll, sie legte ihre Hand auf die meinige und sagte: – „Klopstock!" – Ich erinnerte mich sogleich der herrlichen Ode, die ihr in Gedanken lag, und versank in dem Strome von Empfindungen, den sie in dieser Losung über mich ausgoss. Ich ertrug's nicht, neigte mich auf ihre Hand und küsste sie unter den wonnevollsten Tränen. Und sah nach ihrem Auge wieder – Edler! hättest du deine Vergötterung in diesem Blicke gesehn und möcht ich nun deinen so oft entweihten Namen nie wieder nennen hören!

Am 19. Junius.

Wo ich neulich mit meiner Erzählung geblieben bin, weiß ich nicht mehr; das weiß ich, dass es zwei Uhr des Nachts war, als ich zu Bette kam, und dass, wenn ich dir hätte vorschwatzen können, statt zu schreiben, ich dich vielleicht bis an den Morgen aufgehalten hätte.

Was auf unserer Hereinfahrt vom Balle geschehen ist, habe ich noch nicht erzählt, habe auch heute keinen Tag dazu.

Es war der herrlichste Sonnenaufgang. Der tröpfelnde Wald und das erfrischte Feld umher! Unsere Gesellschafterinnen nickten ein. Sie fragte mich, ob ich nicht auch von der Partie sein wollte? ihretwegen sollt' ich unbekümmert sein. – „Solange ich diese Augen offen sehe", sagte ich und sah sie fest an, „solange hat's keine Gefahr." – Und wir haben beide ausgehalten bis an ihr Tor, da ihr die Magd leise aufmachte und auf ihr Fragen versicherte, dass Vater und Kleine wohl seien und alle noch schliefen. Da verließ ich sie mit der Bitte, sie selbigen Tags noch sehen zu dürfen, sie gestand mir's zu und ich bin gekommen; und seit der Zeit können Sonne, Mond und Sterne geruhig ihre Wirtschaft treiben, ich weiß weder, dass Tag noch dass Nacht ist, und die ganze Welt verliert sich um mich her.

Am 21. Junius.

Ich lebe so glückliche Tage, wie sie Gott seinen Heiligen aufspart; und mit mir mag werden was will, so darf ich nicht sagen, dass ich die Freuden, die reinsten Freuden des Lebens nicht genossen habe. – Du kennst mein Wahlheim; dort bin ich völlig etabliert, von da habe ich nur eine halbe Stunde zu Lotten, dort fühl ich mich selbst und alles Glück, das dem Menschen gegeben ist.

Hätt ich gedacht, als ich mir Wahlheim zum Zwecke meiner Spaziergänge wählte, dass es so nahe am Himmel läge! Wie oft habe ich das Jagdhaus, das nun alle meine Wünsche einschließt, auf meinen weiten Wanderungen, bald vom Berge, bald von der Ebne über den Fluss gesehn!

Zweck
Ziel

Lieber Wilhelm, ich habe allerlei nachgedacht, über die Begier im Menschen, sich auszubreiten, neue Entdeckungen zu machen, herumzuschweifen; und dann wieder über den inneren Trieb, sich der Einschränkung willig zu ergeben, in dem Gleise der Gewohnheit so hinzufahren und sich weder um rechts noch um links zu bekümmern.

Es ist wunderbar: wie ich hierher kam und vom Hügel in das schöne Tal schaute, wie es mich ringsumher anzog. – Dort das Wäldchen! – Ach könntest du dich in seine Schatten mischen! – Dort die Spitze des Berges! – Ach könntest du von da die weite Gegend überschauen! – Die ineinander geketteten Hügel und vertraulichen Täler! – O könnte ich mich in ihnen verlieren! – Ich eilte hin und kehrte zurück und hatte nicht gefunden, was ich hoffte. O es ist mit der Ferne wie mit der Zukunft! Ein großes dämmerndes Ganzes ruht vor unserer Seele, unsere Empfindung verschwimmt darin wie unser Auge und wir sehnen uns, ach! unser ganzes Wesen hinzugeben, uns mit aller Wonne eines einzigen, großen, herrlichen Gefühls ausfüllen zu lassen. – Und ach! wenn wir hinzueilen, wenn das Dort nun Hier wird, ist alles vor wie nach, und wir stehen in unserer Armut, in unserer Eingeschränktheit und unsere Seele lechzt nach entschlüpftem Labsale.

So sehnt sich der unruhigste Vagabund zuletzt wieder nach seinem Vaterlande und findet in seiner Hütte, an der Brust seiner Gattin, in dem Kreise seiner Kinder, in den Geschäften zu ihrer Erhaltung die Wonne, die er in der weiten Welt vergebens suchte.

Wenn ich des Morgens mit Sonnenaufgange hinausgehe nach meinem Wahlheim und dort im Wirtsgarten mir meine Zuckererbsen selbst pflücke, mich hinsetze, sie abfädne und dazwischen in meinem Homer lese; wenn ich in der kleinen Küche mir einen Topf wähle, mir Butter aussteche, Schoten ans Feuer stelle, zudecke und mich dazusetze, sie manchmal umzuschütteln: Da fühl ich so lebhaft, wie die übermütigen Freier der Penelope Ochsen und Schweine schlachten, zerlegen und braten. Es ist nichts, das mich so mit einer stillen wahren Empfindung ausfüllte, als die Züge patriarchalischen Lebens, die ich, Gott sei Dank, ohne Affektation in meine Lebensart verweben kann.

Affektation Getue, Ziererei

Wie wohl ist mir's, dass mein Herz die simple, harmlose Wonne des Menschen fühlen kann, der ein Krauthaupt auf seinen Tisch bringt, das er selbst gezogen, und nun nicht den Kohl allein, sondern all die guten Tage, den schönen Morgen, da er ihn pflanzte, die lieblichen Abende, da er ihn begoss und da er an dem fortschreitenden Wachstum seine Freude hatte, alle in einem Augenblicke wieder mitgenießt.

Am 29. Junius.

Vorgestern kam der Medikus hier aus der Stadt hinaus zum Amtmann und fand mich auf der Erde unter Lottens Kindern, wie einige auf mir herumkrabbelten, andere mich neckten und wie ich sie kitzelte und ein großes Geschrei mit ihnen erregte. Der Doktor, der eine sehr dogmatische Drahtpuppe ist, unterm Reden seine Manschetten in Falten legt und einen Kräusel ohne Ende herauszupft, fand dieses unter der Würde eines gescheiten Menschen; das merkte ich an seiner Nase. Ich ließ mich aber in nichts stören, ließ ihn sehr vernünftige Sachen abhandeln und baute den Kindern ihre Kartenhäuser wieder, die sie zerschlagen hatten. Auch ging er darauf in der Stadt herum und beklagte, des Amtmanns

Kinder wären so schon ungezogen genug, der Werther verderbe sie nun völlig.

Ja, lieber Wilhelm, meinem Herzen sind die Kinder am nächsten auf der Erde. Wenn ich ihnen zusehe und in dem kleinen Dinge die Keime aller Tugenden, aller Kräfte sehe, die sie einmal so nötig brauchen werden; wenn ich in dem Eigensinne künftige Standhaftigkeit und Festigkeit des Charakters, in dem Mutwillen guten Humor und Leichtigkeit, über die Gefahren der Welt hinzuschlüpfen, erblicke, alles so unverdorben, so ganz! – immer, immer wiederhole ich dann die goldenen Worte des Lehrers der Menschen: „Wenn ihr nicht werdet wie eines von diesen!" Und nun, mein Bester, sie, die unseresgleichen sind, die wir als unsere Muster ansehen sollten, behandeln wir als Untertanen. Sie sollen keinen Willen haben! – Haben wir denn keinen? Und wo liegt das Vorrecht? – Weil wir älter sind und gescheiter! – Guter Gott von deinem Himmel, alte Kinder siehst du und junge Kinder und nichts weiter; und an welchen du mehr Freude hast, das hat dein Sohn schon lange verkündigt. Aber sie glauben an ihn und hören ihn nicht – das ist auch was Altes! – und bilden ihre Kinder nach sich und – Adieu, Wilhelm! Ich mag darüber nicht weiter radotieren.

radotieren
faseln, schwätzen

Am 1. Julius.

Was Lotte einem Kranken sein muss, fühl ich an meinem eigenen armen Herzen, das übler dran ist als manches, das auf dem Siechbette verschmachtet. Sie wird einige Tage in der Stadt bei einer rechtschaffnen Frau zubringen, die sich nach der Aussage der Ärzte ihrem Ende naht und in diesen letzten Augenblicken Lotten um sich haben will. Ich war vorige Woche mit ihr, den Pfarrer von St.. zu besuchen; ein Örtchen, das eine Stunde seitwärts im Gebirge liegt. Wir kamen gegen vier dahin. Lotte hatte ihre zweite Schwester mitgenommen. Als wir in den mit zwei hohen Nussbäumen überschatteten Pfarrhof traten, saß der gute alte Mann auf einer Bank vor der Haustür, und da er Lotten sah, ward er wie neu belebt, vergaß seinen Knotenstock und wagte sich auf, ihr entgegen. Sie lief hin zu ihm, nötigte ihn sich niederzulassen, indem sie sich zu ihm setzte, brachte viele Grüße von ihrem Vater, herzte seinen garstigen, schmutzigen jüngsten Buben, das Quakelchen seines Alters. Du hättest sie sehen sollen, wie sie den Alten beschäftigte, wie sie ihre Stimme erhob, um seinen halb tauben Ohren vernehmlich zu werden, wie sie ihm von jungen, robusten Leuten erzählte, die unvermutet gestorben wären, von der Vor-

Quakelchen
Nesthäkchen

trefflichkeit des Karlsbades und wie sie seinen Entschluss lobte, künftigen Sommer hinzugehen, wie sie fand, dass er viel besser aussähe, viel munterer sei als das letzte Mal, da sie ihn gesehn. – Ich hatte indes der Frau Pfarrerin meine Höflichkeiten gemacht. Der Alte wurde ganz munter, und da ich nicht umhin konnte, die schönen Nussbäume zu loben, die uns so lieblich beschatteten, fing er an, uns, wiewohl mit einiger Beschwerlichkeit, die Geschichte davon zu geben.

„Den alten“, sagte er, „wissen wir nicht, wer den gepflanzt hat; einige sagen dieser, andere jener Pfarrer. Der jüngere aber dort hinten ist so alt als meine Frau, im Oktober fünfzig Jahr. Ihr Vater pflanzte ihn des Morgens, als sie gegen Abend geboren wurde. Er war mein Vorfahr im Amt, und wie lieb ihm der Baum war, ist nicht zu sagen; mir ist er's gewiss nicht weniger. Meine Frau saß darunter auf einem Balken und strickte, da ich vor siebenundzwanzig Jahren als ein armer Student zum ersten Male hier in den Hof kam.“ – Lotte fragte nach seiner Tochter; es hieß, sie sei mit Herrn Schmidt auf die Wiese hinaus zu den Arbeitern, und der Alte fuhr in seiner Erzählung fort: wie sein Vorfahr ihn lieb gewonnen und die Tochter dazu und wie er erst sein Vikar und dann sein Nachfolger geworden. Die Geschichte war nicht lange zu Ende, als die Jungfer Pfarrerin mit dem so genannten Herrn Schmidt durch den Garten herkam; sie bewillkommte Lotten mit herzlicher Wärme, und ich muss sagen, sie gefiel mir nicht übel; eine rasche, wohlgewachsene Brünette, die einen die kurze Zeit über auf dem Lande wohl unterhalten hätte. Ihr Liebhaber (denn als solcher stellte sich Herr Schmidt gleich dar), ein feiner, doch stiller Mensch, der sich nicht in unsere Gespräche mischen wollte, ob ihn gleich Lotte immer hereinzog. Was mich am meisten betrübte, war, dass ich an seinen Gesichtszügen zu bemerken schien, es sei mehr Eigensinn und übler Humor als Eingeschränktheit des Verstandes, der ihn sich mitzuteilen hinderte. In der Folge ward dies leider nur zu deutlich; denn als Friederike beim Spazierengehen mit Lotten und gelegentlich auch mit mir ging, wurde des Herrn Angesicht, das ohnedies einer bräunlichen Farbe war, so sichtlich verdunkelt, dass es Zeit war, dass Lotte mich beim Ärmel zupfte und mir zu verstehn gab, dass ich mit Friederiken zu artig getan. Nun verdrießt mich nichts mehr, als wenn die Menschen einander plagen, am meisten, wenn junge Leute in der Blüte des Lebens, da sie am offensten für alle Freuden sein könnten, einander die paar guten Tage mit Fratzen verderben und nur erst zu spät das Unersetzliche ihrer Verschwendung einsehen. Mich wurmte das, und ich konnte nicht umhin, da wir gegen Abend in den Pfarr-

Humor
hier in ursprünglicher Bedeutung: Stimmung, Laune

hof zurückkehrten und an einem Tische Milch aßen und das Gespräch auf Freude und Leid der Welt sich wendete, den Faden zu ergreifen und recht herzlich gegen die üble Laune zu reden. – „Wir Menschen beklagen uns oft“, fing ich an, „dass der guten Tage so wenig sind und der schlimmen so viel und, wie mich dünkt, meist mit Unrecht. Wenn wir immer ein offenes Herz hätten, das Gute zu genießen, das uns Gott für jeden Tag bereitet, wir würden alsdann auch Kraft genug haben, das Übel zu tragen, wenn es kommt.“ – „Wir haben aber unser Gemüt nicht in unserer Gewalt“, versetzte die Pfarrerin, „wie viel hängt vom Körper ab! Wenn einem nicht wohl ist, ist’s einem überall nicht recht.“ – Ich gestand ihr das ein. – „Wir wollen es also“, fuhr ich fort, „als eine Krankheit ansehen und fragen, ob dafür kein Mittel ist?“ – „Das lässt sich hören“, sagte Lotte, „ich glaube wenigstens, dass viel von uns abhängt. Ich weiß es an mir. Wenn mich etwas neckt und mich verdrießlich machen will, spring ich auf und sing ein paar Contretänze den Garten auf und ab, gleich ist’s weg.“ – „Das war’s, was ich sagen wollte“, versetzte ich, „es ist mit der üblen Laune völlig wie mit der Trägheit, denn es ist eine Art von Trägheit. Unsere Natur hängt sehr dahin, und doch, wenn wir nur einmal die Kraft haben, uns zu ermannen, geht uns die Arbeit frisch von der Hand und wir finden in der Tätigkeit ein wahres Vergnügen.“ – Friederike war sehr aufmerksam, und der junge Mensch wandte mir ein, dass man nicht Herr über sich selbst sei und am wenigsten über seine Empfindungen gebieten könne. – „Es ist hier die Frage von einer unangenehmen Empfindung“, versetzte ich, „die doch jedermann gerne los ist; und niemand weiß, wie weit seine Kräfte gehen, bis er sie versucht hat. Gewiss, wer krank ist, wird bei allen Ärzten herumfragen und die größten Resignationen, die bittersten Arzneien wird er nicht abweisen, um seine gewünschte Gesundheit zu erhalten.“ – Ich bemerkte, dass der ehrliche Alte sein Gehör anstrengte, um an unserm Diskurse teilzunehmen, ich erhob die Stimme, indem ich die Rede gegen ihn wandte. „Man predigt gegen so viele Laster“, sagte ich, „ich habe noch nie gehört, dass man gegen die üble Laune vom Predigtstuhle gearbeitet hätte.“* – „Das müssten die Stadtpfarrer tun“, sagte er, „die Bauern haben keinen bösen Humor; doch könnte es auch zuweilen nicht schaden, es wäre eine Lektion für seine Frau wenigstens und für den Herrn Amtmann.“ – Die Gesellschaft lachte und er herzlich mit, bis er in einen Husten verfiel, der unsern Dis-

* Wir haben nun von Lavatern eine treffliche Predigt hierüber, unter denen über das Buch Jonas.

→

kurs eine Zeit lang unterbrach; darauf denn der junge Mensch wieder das Wort nahm: „Sie nannten den bösen Humor ein Laster; mich deucht, das ist übertrieben.“ – „Mitnichten“, gab ich zur Antwort, „wenn das, womit man sich selbst und seinem Nächsten schadet, diesen Namen verdient. Ist es nicht genug, dass wir einander nicht glücklich machen können, müssen wir auch noch einander das Vergnügen rauben, das jedes Herz sich noch manchmal selbst gewähren kann? Und nennen Sie mir den Menschen, der übler Laune ist und so brav dabei, sie zu verbergen, sie allein zu tragen, ohne die Freude um sich her zu zerstören! Oder ist sie nicht vielmehr ein innerer Unmut über unsere eigene Unwürdigkeit, ein Missfallen an uns selbst, das immer mit einem Neide verknüpft ist, der durch eine törichte Eitelkeit aufgehetzt wird? Wir sehen glückliche Menschen, die wir nicht glücklich machen, und das ist unerträglich.“ – Lotte lächelte mich an, da sie die Bewegung sah, mit der ich redete, und eine Träne in Friederikens Auge spornte mich fortzufahren. – „Wehe denen“, sagte ich, „die sich der Gewalt bedienen, die sie über ein Herz haben, um ihm die einfachen Freuden zu rauben, die aus ihm selbst hervorkeimen. Alle Geschenke, alle Gefälligkeiten der Welt ersetzen nicht einen Augenblick Vergnügen an sich selbst, den uns eine neidische Unbehaglichkeit unsers Tyrannen vergällt hat.“

Mein ganzes Herz war voll in diesem Augenblicke; die Erinnerung so manches Vergangenen drängte sich an meine Seele und die Tränen kamen mir in die Augen.

„Wer sich das nur täglich sagte“: rief ich aus, „du vermagst nichts auf deine Freunde, als ihnen ihre Freuden zu lassen und ihr Glück zu vermehren, indem du es mit ihnen genießest. Vermagst du, wenn ihre innere Seele von einer ängstigenden Leidenschaft gequält, vom Kummer zerrüttet ist, ihnen einen Tropfen Linderung zu geben?

Und wenn die letzte, bangste Krankheit dann über das Geschöpf herfällt, das du in blühenden Tagen untergraben hast, und sie nun daliegt in dem erbärmlichen Ermatten, das Auge gefühllos gen Himmel sieht, der Todesschweiß auf der blassen Stirne abwechselt und du vor dem Bette stehst wie ein Verdammter, in dem innigsten Gefühl, dass du nichts vermagst mit deinem ganzen Vermögen, und die Angst dich inwendig krampft, dass du alles hingeben möchtest, dem untergehenden Geschöpfe einen Tropfen Stärkung, einen Funken Mut einflößen zu können.“

Die Erinnerung einer solchen Szene, wobei ich gegenwärtig war, fiel mit ganzer Gewalt bei diesen Worten über mich. Ich nahm das Schnupftuch vor die Augen und verließ die Gesellschaft, und nur Lottens Stimme, die mir rief, wir wollten fort, brachte mich zu mir selbst. Und wie sie mich auf dem Wege schalt über den zu warmen Anteil an allem und dass ich drüber zugrunde gehen würde! dass ich mich schonen sollte! – O der Engel! Um deinetwillen muss ich leben!

Am 6. Julius.

Sie ist immer um ihre sterbende Freundin und ist immer dieselbe, immer das gegenwärtige holde Geschöpf, das, wo sie hinsieht, Schmerzen lindert und Glückliche macht. Sie ging gestern Abend mit Mariannen und dem kleinen Malchen spazieren, ich wusste es und traf sie an und wir gingen zusammen. Nach einem Wege von anderthalb Stunden kamen wir gegen die Stadt zurück, an den Brunnen, der mir so wert und nun tausendmal werter ist. Lotte setzte sich aufs Mäuerchen, wir standen vor ihr. Ich sah umher, ach! und die Zeit, da mein Herz so allein war, lebte wieder vor mir auf. – „Lieber Brunnen“, sagte ich, „seither hab ich nicht mehr an deiner Kühle geruht, hab in eilendem Vorübergehn dich manchmal nicht angesehn.“ – Ich blickte hinab und sah, dass Malchen mit einem Glase Wasser sehr beschäftigt heraufstieg. – Ich sah Lotten an und fühlte alles, was ich an ihr habe. Indem kommt Malchen mit einem Glase. Marianne wollt’ es ihr abnehmen: „Nein!“, rief das Kind mit dem süßesten Ausdrucke, „nein, Lottchen, *du* sollst zuerst trinken!“ – Ich ward über die Wahrheit, über die Güte, womit sie das ausrief, so entzückt, dass ich meine Empfindung mit nichts ausdrücken konnte, als ich nahm das Kind von der Erde und küsste es lebhaft, das sogleich zu schreien und zu weinen anfing. – „Sie haben übel getan“, sagte Lotte. – Ich war betroffen. – „Komm, Malchen“, fuhr sie fort, indem sie es bei der Hand nahm und die Stufen hinabführte, „da wasche dich aus der frischen Quelle, geschwind, geschwind, da tut’s nichts.“ – Wie ich so dastand und zusah, mit welcher Emsigkeit das Kleine mit seinen nassen Händchen die Backen rieb, mit welchem Glauben, dass durch die Wunderquelle alle Verunreinigung abgespült und die Schmach abgetan würde, einen hässlichen Bart zu kriegen; wie Lotte sagte: „Es ist genug!“, und das Kind doch immer eifrig fortwusch, als wenn Viel mehr täte als Wenig. – Ich sage dir, Wilhelm, ich habe mit mehr Respekt nie einer Taufhandlung beigewohnt – und als Lotte heraufkam, hätte ich mich gern vor ihr niedergeworfen wie vor einem Propheten, der die Schulden einer Nation weggeweiht hat.

Des Abends konnte ich nicht umhin, in der Freude meines Herzens den Vorfall einem Manne zu erzählen, dem ich Menschensinn zutraute, weil er Verstand hat; aber wie kam ich an! Er sagte, das sei sehr übel von Lotten gewesen; man solle den Kindern nichts weismachen; dergleichen gebe zu unzähligen Irrtümern und Aberglauben Anlass, wovor man die Kinder frühzeitig bewahren müsse. – Nun fiel mir ein, dass der Mann vor acht Tagen hatte taufen lassen, drum ließ ich's vorbeigehen und blieb in meinem Herzen der Wahrheit getreu: Wir sollen es mit den Kindern machen wie Gott mit uns, der uns am glücklichsten macht, wenn er uns in freundlichem Wahne so hintaumeln lässt.

Am 8. Julius.

Was man ein Kind ist! Was man nach so einem Blicke geizt! Was man ein Kind ist! – Wir waren nach Wahlheim gegangen. Die Frauenzimmer fuhren hinaus, und während unserer Spaziergänge glaubte ich in Lottens schwarzen Augen – ich bin ein Tor, verzeih mir's! du solltest sie sehen, diese Augen. – Dass ich kurz bin (denn die Augen fallen mir zu vor Schlaf), siehe, die Frauenzimmer stiegen ein, da standen um die Kutsche der junge W.., Selstadt und Audran und ich. Da ward aus dem Schlage geplaudert mit den Kerlchen, die freilich leicht und lüftig genug waren. – Ich suchte Lottens Augen; ach, sie gingen von einem zum andern! Aber auf mich! mich! mich! der ganz allein auf sie resigniert dastand, fielen sie nicht! – Mein Herz sagte ihr tausend Adieu! Und sie sah mich nicht! Die Kutsche fuhr vorbei und eine Träne stand mir im Auge. Ich sah ihr nach und sah Lottens Kopfputz sich zum Schlage herauslehnen, und sie wandte sich um zu sehen, ach! nach mir? – Lieber! In dieser Ungewissheit schwebe ich; das ist mein Trost: Vielleicht hat sie sich nach mir umgesehen! Vielleicht! – Gute Nacht! O was ich ein Kind bin!

Am 10. Julius.

Die alberne Figur, die ich mache, wenn in Gesellschaft von ihr gesprochen wird, solltest du sehen! Wenn man mich nun gar fragt, wie sie mir gefällt? – Gefällt! das Wort hasse ich auf den Tod. Was muss das für ein Mensch sein, dem Lotte gefällt, dem sie nicht alle Sinne, alle Empfindungen ausfüllt! Gefällt! Neulich fragte mich einer, wie mir Ossian gefiele!

Am 11. Julius.

Frau M.. ist sehr schlecht; ich bete für ihr Leben, weil ich mit Lotten dulde. Ich sehe sie selten bei einer Freundin und heute hat sie mir einen wunderbaren Vorfall erzählt.

Der alte M.. ist ein geiziger, rangiger Filz, der seine Frau im Leben was Rechts geplagt und eingeschränkt hat; doch hat sich die Frau immer durchzuhelfen gewusst. Vor wenigen Tagen, als der Arzt ihr das Leben abgesprochen hatte, ließ sie ihren Mann kommen (Lotte war im Zimmer) und redete ihn also an: „Ich muss dir eine Sache gestehen, die nach meinem Tode Verwirrung und Verdruss machen könnte. Ich habe bisher die Haushaltung geführt, so ordentlich und sparsam als möglich: allein du wirst mir verzeihen, dass ich dich diese dreißig Jahre her hintergangen habe. Du bestimmtest im Anfange unserer Heirat ein Geringes für die Bestreitung der Küche und anderer häuslichen Ausgaben. Als unsere Haushaltung stärker wurde, unser Gewerbe größer, warst du nicht zu bewegen, mein Wochengeld nach dem Verhältnisse zu vermehren; kurz, du weißt, dass du in den Zeiten, da sie am größten war, verlangtest, ich solle mit sieben Gulden die Woche auskommen. Die habe ich denn ohne Widerrede genommen und mir den Überschuss wöchentlich aus der Losung geholt, da niemand vermutete, dass die Frau die Kasse bestehlen würde. Ich habe nichts verschwendet und wäre auch, ohne es zu bekennen, getrost der Ewigkeit entgegengegangen, wenn nicht diejenige, die nach mir das Hauswesen zu führen hat, sich nicht zu helfen wissen würde, und du doch immer darauf bestehen könntest, deine erste Frau sei damit ausgekommen."

Ich redete mit Lotten über die unglaubliche Verblendung des Menschensinns, dass einer nicht argwohnen soll, dahinter müsse was anders stecken, wenn eins mit sieben Gulden hinreicht, wo man den Aufwand vielleicht um zweimal so viel sieht. Aber ich habe selbst Leute gekannt, die des Propheten ewiges Ölkrüglein ohne Verwunderung in ihrem Hause angenommen hätten.

schlecht krank

rangig habgierig

Losung Erlös, Kasseneinnahme

Ölkrüglein vgl. 1. Könige 17, 14 ff.

Am 13. Julius.

Nein, ich betrüge mich nicht! Ich lese in ihren schwarzen Augen wahre Teilnehmung an mir und meinem Schicksal. Ja ich fühle und darin darf ich meinem Herzen trauen, dass sie – o darf ich, kann ich den Himmel in diesen Worten aussprechen? – dass sie mich liebt!

Mich liebt! – Und wie wert ich mir selbst werde, wie ich – *dir* darf ich's wohl sagen, du hast Sinn für so etwas – wie ich mich selbst anbete, seitdem sie mich liebt!

Ob das Vermessenheit ist oder Gefühl des wahren Verhältnisses? – Ich kenne den Menschen nicht, von dem ich etwas in Lottens Herzen fürchtete. Und doch – wenn sie von ihrem Bräutigam spricht, mit solcher Wärme, solcher Liebe von ihm spricht – da ist mir's wie einem, der aller seiner Ehren und Würden entsetzt und dem der Degen genommen wird.

Am 16. Julius.

Ach wie mir das durch alle Adern läuft, wenn mein Finger unversehens den ihrigen berührt, wenn unsere Füße sich unter dem Tische begegnen! Ich ziehe zurück wie vom Feuer, und eine geheime Kraft zieht mich wieder vorwärts – mir wird's so schwindelig vor allen Sinnen. – Oh! und ihre Unschuld, ihre unbefangne Seele fühlt nicht, wie sehr mich die kleinen Vertraulichkeiten peinigen. Wenn sie gar im Gespräch ihre Hand auf die meinige legt und im Interesse der Unterredung näher zu mir rückt, dass der himmlische Atem ihres Mundes meine Lippen erreichen kann; – ich glaube zu versinken, wie vom Wetter gerührt. – Und, Wilhelm! wenn ich mich jemals unterstehe, diesen Himmel, dieses Vertrauen –! Du verstehst mich. Nein, mein Herz ist so verderbt nicht! Schwach! schwach genug! – Und ist das nicht Verderben? –

Sie ist mir heilig. Alle Begier schweigt in ihrer Gegenwart. Ich weiß nie, wie mir ist, wenn ich bei ihr bin; es ist, als wenn die Seele sich mir in allen Nerven umkehrte. – Sie hat eine Melodie, die sie auf dem Klaviere spielet mit der Kraft eines Engels, so simpel und so geistvoll! Es ist ihr Leiblied, und mich stellt es von aller Pein, Verwirrung und Grillen her, wenn sie nur die erste Note davon greift.

Kein Wort von der alten Zauberkraft der Musik ist mir unwahrscheinlich. Wie mich der einfache Gesang angreift! Und wie sie ihn anzubringen weiß, oft zur Zeit,wo ich mir eine Kugel vor den Kopf schießen möchte! Die Irrung und Finsternis meiner Seele zerstreut sich und ich atme wieder freier.

Am 18. Julius.

Wilhelm, was ist unserem Herzen die Welt ohne Liebe! Was eine Zauberlaterne ist ohne Licht! Kaum bringst du das Lämpchen hinein, so scheinen dir die buntesten Bilder an deine weiße Wand! Und wenn's nichts wäre als das, als vorübergehende Phantome, so macht's doch immer unser Glück, wenn wir wie frische Jungen davor stehen und uns über die Wundererscheinungen entzücken. Heute konnte ich nicht zu Lotten, eine unvermeidliche Gesellschaft hielt mich ab. Was war zu tun? Ich schickte meinen Diener hinaus, nur um einen Menschen um mich zu haben, der ihr heute nahe gekommen wäre. Mit welcher Ungeduld ich ihn erwartete, mit welcher Freude ich ihn wieder sah! Ich hätte ihn gern beim Kopfe genommen und geküsst, wenn ich mich nicht geschämt hätte.

Man erzählt von dem Bononischen Steine, dass er, wenn man ihn in die Sonne legt, ihre Strahlen anzieht und eine Weile bei Nacht leuchtet. So war mir's mit dem Burschen. Das Gefühl, dass ihre Augen auf seinem Gesichte, seinen Backen, seinen Rockknöpfen und dem Kragen am Surtout geruht hatten, machte mir das alles so heilig, so wert! Ich hätte in dem Augenblick den Jungen nicht um tausend Taler gegeben. Es war mir so wohl in seiner Gegenwart. – Bewahre dich Gott, dass du darüber lachest. Wilhelm, sind das Phantome, wenn es uns wohl ist?

Surtout
Jacke, Überrrock

Den 19. Julius.

„Ich werde sie sehen!", ruf ich morgens aus, wenn ich mich ermuntere und mit aller Heiterkeit der schönen Sonne entgegenblicke; „ich werde sie sehen!" Und da habe ich für den ganzen Tag keinen Wunsch weiter. Alles, alles verschlingt sich in dieser Aussicht.

Den 20. Julius.

Eure Idee will noch nicht die meinige werden, dass ich mit dem Gesandten nach *** gehen soll. Ich liebe die Subordination nicht sehr, und wir wissen alle, dass der Mann noch dazu ein widriger Mensch ist. Meine Mutter möchte mich gern in Aktivität haben, sagst du, das hat mich zu lachen gemacht. Bin ich jetzt nicht auch aktiv, und ist's im Grunde nicht einerlei, ob ich Erbsen zähle oder

Linsen? Alles in der Welt läuft doch auf eine Lumperei hinaus, und ein Mensch, der um anderer willen, ohne dass es seine eigene Leidenschaft, sein eigenes Bedürfnis ist, sich um Geld oder Ehre oder sonst was abarbeitet, ist immer ein Tor.

Am 24. Julius.

Da dir so sehr daran gelegen ist, dass ich mein Zeichnen nicht vernachlässige, möchte ich lieber die ganze Sache übergehen als dir sagen, dass zeither wenig getan wird.

Noch nie war ich glücklicher, noch nie war meine Empfindung an der Natur, bis aufs Steinchen, aufs Gräschen herunter, voller und inniger und doch – Ich weiß nicht, wie ich mich ausdrücken soll, meine vorstellende Kraft ist so schwach, alles schwimmt und schwankt so vor meiner Seele, dass ich keinen Umriss packen kann; aber ich bilde mir ein, wenn ich Ton hätte oder Wachs, so wollte ich's wohl herausbilden. Ich werde auch Ton nehmen, wenn's länger währt, und kneten und sollten's Kuchen werden!

Lottens Porträt habe ich dreimal angefangen und habe mich dreimal prostituiert; das mich umso mehr verdrießt, weil ich vor einiger Zeit sehr glücklich im Treffen war. Darauf habe ich denn ihren Schattenriss gemacht und damit soll mir g'nügen.

Am 26. Julius.

Ja, liebe Lotte, ich will alles besorgen und bestellen; geben Sie mir nur mehr Aufträge, nur recht oft. Um eins bitte ich Sie: keinen Sand mehr auf die Zettelchen, die Sie mir schreiben. Heute führte ich es schnell nach der Lippe und die Zähne knisterten mir.

Am 26. Julius.

Ich habe mir schon manchmal vorgenommen, sie nicht so oft zu sehn. Ja, wer das halten könnte! Alle Tage unterlieg ich der Versuchung und verspreche mir heilig: morgen willst du einmal wegbleiben. Und wenn der Morgen kommt, finde ich doch wieder eine unwiderstehliche Ursache, und ehe ich mich's versehe, bin ich bei ihr. Entweder sie hat des Abends gesagt: „Sie kommen doch morgen?" – Wer könnte da wegbleiben? Oder sie gibt mir einen Auftrag und ich finde schicklich, ihr selbst die Antwort zu bringen; oder der Tag ist gar zu schön, ich gehe nach Wahlheim, und wenn ich nun da bin, ist's nur noch eine halbe Stunde zu ihr! – Ich bin zu nah in der Atmosphäre – Zuck! so bin ich dort. Meine Großmutter hatte ein Märchen vom Magnetenberg: die Schiffe, die zu nahe kamen, wurden auf einmal alles Eisenwerks beraubt, die Nägel flogen dem Berge zu und die armen Elenden scheiterten zwischen den übereinander stürzenden Brettern.

Am 30. Julius.

Albert ist angekommen und ich werde gehen; und wenn er der beste, der edelste Mensch wäre, unter den ich mich in jeder Betrachtung zu stellen bereit wäre, so wär's unerträglich, ihn vor meinem Angesicht im Besitz so vieler Vollkommenheiten zu sehen. – Besitz! – Genug, Wilhelm, der Bräutigam ist da! Ein braver lieber Mann, dem man gut sein muss. Glücklicherweise war ich nicht beim Empfange! Das hätte mir das Herz zerrissen. Auch ist er so ehrlich und hat Lotten in meiner Gegenwart noch nicht ein einzig Mal geküsst. Das lohn ihm Gott! Um des Respekts willen, den er vor dem Mädchen hat, muss ich ihn lieben. Er will mir wohl, und ich vermute, das ist Lottens Werk mehr als seiner eigenen Empfindung: denn darin sind die Weiber fein und haben recht; wenn sie zwei Verehrer in gutem Vernehmen miteinander erhalten können, ist der Vorteil immer ihr, so selten es auch angeht.

Indes kann ich Alberten meine Achtung nicht versagen. Seine gelassene Außenseite sticht gegen die Unruhe meines Charakters sehr lebhaft ab, die sich nicht verbergen lässt. Er hat viel Gefühl und weiß, was er an Lotten hat. Er scheint wenig üble Laune zu haben, und du weißt, das ist die Sünde, die ich ärger hasse am Menschen als alle andre.

Er hält mich für einen Menschen von Sinn; und meine Anhänglichkeit an Lotten, meine warme Freude, die ich an allen ihren Handlungen habe, vermehrt seinen Triumph und er liebt sie nur desto mehr. Ob er sie nicht manchmal mit kleiner Eifersüchtelei peinigt, das lasse ich dahingestellt sein, wenigstens würd ich an seinem Platze nicht ganz sicher vor diesem Teufel bleiben.

Dem sei nun wie ihm wolle! meine Freude, bei Lotten zu sein, ist hin. Soll ich das Torheit nennen oder Verblendung? – Was braucht's Namen! erzählt die Sache an sich! Ich wusste alles, was ich jetzt weiß, ehe Albert kam; ich wusste, dass ich keine Prätension auf sie zu machen hatte, machte auch keine – das heißt, insofern es möglich ist, bei so viel Liebenswürdigkeit nicht zu begehren –

Prätension
Anspruch

Und jetzt macht der Fratze große Augen, da der andre nun wirklich kommt und ihm das Mädchen wegnimmt.

Ich beiße die Zähne aufeinander und spotte über mein Elend und spottete derer doppelt und dreifach, die sagen könnten, ich sollte mich resignieren und weil es nun einmal nicht anders sein könnte. – Schafft mir diese Strohmänner vom Halse! – Ich laufe in den Wäldern herum, und wenn ich zu Lotten komme und Albert bei ihr sitzt im Gärtchen unter der Laube und ich nicht weiter kann, so bin ich ausgelassen närrisch und fange viel Possen, viel verwirrtes Zeug an. – „Um Gottes willen", sagte mir Lotte heut, „ich bitte Sie, keine Szene wie die von gestern Abend! Sie sind fürchterlich, wenn Sie so lustig sind." – Unter uns, ich passe die Zeit ab, wenn er zu tun hat; wutsch! bin ich drauß, und da ist mir's immer wohl, wenn ich sie allein finde.

Am 8. August.

Ich bitte dich, lieber Wilhelm, es war gewiss nicht auf dich geredet, wenn ich die Menschen unerträglich schalt, die von uns Ergebung in unvermeidliche Schicksale fordern. Ich dachte wahrlich nicht daran, dass du von ähnlicher Meinung sein könntest. Und im Grunde hast du recht. Nur eins, mein Bester! In der Welt ist es sehr selten mit dem *Entweder-Oder* getan; die Empfindungen und Handlungsweisen schattieren sich so mannigfaltig, als Abfälle zwischen einer Habichts- und Stumpfnase sind.

Du wirst mir also nicht übel nehmen, wenn ich dir dein ganzes Argument einräume und mich doch zwischen dem *Entweder-Oder* durchzustehlen suche.

Entweder, sagst du, hast du Hoffnung auf Lotten oder du hast keine. Gut, im ersten Fall suche sie durchzutreiben, suche die Erfüllung deiner Wünsche zu umfassen; im anderen Fall ermanne dich und suche einer elenden Empfindung loszuwerden, die alle deine Kräfte verzehren muss. – Bester! das ist wohl gesagt, und – bald gesagt.

Und kannst du von dem Unglücklichen, dessen Leben unter einer schleichenden Krankheit unaufhaltsam allmählich abstirbt, kannst du von ihm verlangen, er solle durch einen Dolchstoß der Qual auf einmal ein Ende machen? Und raubt das Übel, das ihm die Kräfte verzehrt, ihm nicht auch zugleich den Mut, sich davon zu befreien?

Zwar könntest du mir mit einem verwandten Gleichnisse antworten: Wer ließe sich nicht lieber den Arm abnehmen, als dass er durch Zaudern und Zagen sein Leben aufs Spiel setzte? – Ich weiß nicht! – und wir wollen uns nicht in Gleichnissen herumbeißen. Genug – Ja, Wilhelm, ich habe manchmal so einen Augenblick aufspringenden, abschüttelnden Muts und da – wenn ich nur wüsste wohin? ich ginge wohl.

Abends.

Mein Tagebuch, das ich seit einiger Zeit vernachlässiget, fiel mir heut wieder in die Hände, und ich bin erstaunt, wie ich so wissentlich in das alles Schritt vor Schritt hineingegangen bin! Wie ich über meinen Zustand immer so klar gesehen und doch gehandelt habe wie ein Kind, jetzt noch so klar sehe und es noch keinen Anschein zur Besserung hat.

Am 10. August.

Ich könnte das beste, glücklichste Leben führen, wenn ich nicht ein Tor wäre. So schöne Umstände vereinigen sich nicht leicht, eines Menschen Seele zu ergetzen, als die sind, in denen ich mich jetzt befinde. Ach so gewiss ist's, dass unser Herz allein sein Glück macht. – Ein Glied der liebenswürdigen Familie zu sein, von dem Alten geliebt zu werden wie ein Sohn, von den Kleinen wie ein Vater, und von Lotten! – dann der ehrliche Albert, der durch keine launische Unart mein Glück stört; der mich mit herzlicher Freundschaft umfasst; dem ich nach Lotten das Liebste auf der Welt bin! – Wilhelm, es ist eine Freude, uns zu hören, wenn wir spazieren gehen und uns einander von Lotten unterhalten: es ist in der Welt nichts Lächerlichers erfunden worden als dieses Verhältnis, und doch kommen mir oft darüber die Tränen in die Augen.

Wenn er mir von ihrer rechtschaffenen Mutter erzählt: Wie sie auf ihrem Todbette Lotten ihr Haus und ihre Kinder übergeben und ihm Lotten anbefohlen habe, wie seit der Zeit ein ganz anderer Geist Lotten belebt habe, wie sie, in der Sorge für ihre Wirtschaft und in dem Ernste, eine wahre Mutter geworden, wie kein Augenblick ihrer Zeit ohne tätige Liebe, ohne Arbeit verstrichen, und dennoch ihre Munterkeit, ihr leichter Sinn sie nie dabei verlassen habe. – Ich gehe so neben ihm hin und pflücke Blumen am Wege, füge sie sehr sorgfältig in einen Strauß und – werfe sie in den vorüberfließenden Strom und sehe ihnen nach, wie sie leise hinunterwallen. – Ich weiß nicht, ob ich dir geschrieben habe, dass

4/10

4/10

vernachlässig(t) vieles

erkennt kindlich es

→ keine Besserung

Töricht

Teil der Familie

→ kritisch

Albert er ist sehr Freunde

→ lächerlich er ist traurig

Lotte ist Frau d. Hauses

sie reden über Lotte

5/10

Albert hier bleiben und ein Amt mit einem artigen Auskommen vom Hofe erhalten wird, wo er sehr beliebt ist. In Ordnung und Emsigkeit in Geschäften habe ich wenig seinesgleichen gesehen.

Am 12. August.

Gewiss, Albert ist der beste Mensch unter dem Himmel. Ich habe gestern eine wunderbare Szene mit ihm gehabt. Ich kam zu ihm, um Abschied von ihm zu nehmen; denn mich wandelte die Lust an, ins Gebirge zu reiten, von woher ich dir auch jetzt schreibe, und wie ich in der Stube auf und ab gehe, fallen mir seine Pistolen in die Augen. – „Borge mir die Pistolen", sagte ich, „zu meiner Reise." – „Meinetwegen", sagte er, „wenn du dir die Mühe nehmen willst, sie zu laden; bei mir hängen sie nur pro forma." – Ich nahm eine herunter und er fuhr fort: „Seit mir meine Vorsicht einen so unartigen Streich gespielt hat, mag ich mit dem Zeuge nichts mehr zu tun haben." – Ich war neugierig, die Geschichte zu wissen. – „Ich hielt mich", erzählte er, „wohl ein Vierteljahr auf dem Lande bei einem Freunde auf, hatte ein Paar Terzerolen ungeladen und schlief ruhig. Einmal an einem regnichten Nachmittage, da ich müßig sitze, weiß ich nicht, wie mir einfällt: Wir könnten überfallen werden, wir könnten die Terzerolen nötig haben und könnten – du weißt ja, wie das ist. – Ich gab sie dem Bedienten, sie zu putzen und zu laden; und der dahlt mit den Mädchen, will sie erschrecken, und Gott weiß wie, das Gewehr geht los, da der Ladstock noch drinsteckt, und schießt den Ladstock einem Mädchen zur Maus herein an der rechten Hand und zerschlägt ihr den Daumen. Da hatte ich das Lamentieren und die Kur zu bezahlen obendrein, und seit der Zeit lass ich alles Gewehr ungeladen. Lieber Schatz, was ist Vorsicht? die Gefahr lässt sich nicht auslernen! Zwar …" – Nun weißt du, dass ich den Menschen sehr lieb habe bis auf seine *Zwar*; denn versteht sich's nicht von selbst, dass jeder allgemeine Satz Ausnahmen leidet? Aber so rechtfertig ist der Mensch! wenn er glaubt, etwas Übereiltes, Allgemeines, Halbwahres gesagt zu haben, so hört er dir nicht auf zu limitieren, zu modifizieren und ab- und zuzutun, bis zuletzt gar nichts mehr an der Sache ist. Und bei diesem Anlass kam er sehr tief in den Text: Ich hörte endlich gar nicht weiter auf ihn, verfiel in Grillen und mit einer auffahrenden Gebärde drückte ich mir die Mündung der Pistole übers rechte Aug an die Stirn. – „Pfui!", sagte Albert, indem er mir die Pistole herabzog, „was soll das?" – „Sie ist nicht geladen", sagte ich. – „Und auch so, was soll's?", versetzte er

dahlen scherzen, tändeln

Gewehr hier so viel wie Waffe

Maus Handballen

ungeduldig. „Ich kann mir nicht vorstellen, wie ein Mensch so töricht sein kann, sich zu erschießen; der bloße Gedanke erregt mir Widerwillen."

„Dass ihr Menschen", rief ich aus, „um von einer Sache zu reden, gleich sprechen müsst: ‚Das ist töricht, das ist klug, das ist gut, das ist bös!' Und was will das alles heißen? Habt ihr deswegen die innern Verhältnisse einer Handlung erforscht? Wisst ihr mit Bestimmtheit die Ursachen zu entwickeln, warum sie geschah, warum sie geschehen musste? Hättet ihr das, ihr würdet nicht so eilfertig mit euren Urteilen sein."

„Du wirst mir zugeben", sagte Albert, „dass gewisse Handlungen lasterhaft bleiben, sie mögen geschehen, aus welchem Beweggrunde sie wollen."

Ich zuckte die Achseln und gab's ihm zu. – „Doch, mein Lieber", fuhr ich fort, „finden sich auch hier einige Ausnahmen. Es ist wahr, der Diebstahl ist ein Laster: Aber der Mensch, der, um sich und die Seinigen vom gegenwärtigen Hungertode zu erretten, auf Raub ausgeht, verdient der Mitleiden oder Strafe? Wer hebt den ersten Stein auf gegen den Ehemann, der im gerechten Zorne sein untreues Weib und ihren nichtswürdigen Verführer aufopfert? Gegen das Mädchen, das in einer wonnevollen Stunde sich in den unaufhaltsamen Freuden der Liebe verliert? Unsere Gesetze selbst, diese kaltblütigen Pedanten, lassen sich rühren und halten ihre Strafe zurück."

„Das ist ganz was anders", versetzte Albert, „weil ein Mensch, den seine Leidenschaften hinreißen, alle Besinnungskraft verliert und als ein Trunkener, als ein Wahnsinniger angesehen wird."

„Ach ihr vernünftigen Leute!", rief ich lächelnd aus. „Leidenschaft! Trunkenheit! Wahnsinn! Ihr steht so gelassen, so ohne Teilnehmung da, ihr sittlichen Menschen, scheltet den Trinker, verabscheut den Unsinnigen, geht vorbei wie der Priester und dankt Gott wie der Pharisäer, dass er euch nicht gemacht hat wie einen von diesen. Ich bin mehr als einmal trunken gewesen, meine Leidenschaften waren nie weit vom Wahnsinn und beides reut mich nicht: denn ich habe in meinem Maße begreifen lernen, wie man alle außerordentlichen Menschen, die etwas Großes, etwas Unmöglichscheinendes wirkten, von jeher für Trunkene und Wahnsinnige ausschreien musste.

Aber auch im gemeinen Leben ist's unerträglich, fast einem jeden bei halbweg einer freien, edlen, unerwarteten Tat nachrufen zu hören: ‚Der Mensch ist trunken, der ist närrisch!' Schämt euch, ihr Nüchternen! Schämt euch, ihr Weisen!"

„Das sind nun wieder von deinen Grillen", sagte Albert, „du

überspannst alles und hast wenigstens hier gewiss Unrecht, dass du den Selbstmord, wovon jetzt die Rede ist, mit großen Handlungen vergleichst: da man es doch für nichts anders als eine Schwäche halten kann. Denn freilich ist es leichter zu sterben, als ein qualvolles Leben standhaft zu ertragen."

Ich war im Begriff abzubrechen; denn kein Argument bringt mich so aus der Fassung, als wenn einer mit einem unbedeutenden Gemeinspruche angezogen kommt, wenn ich aus ganzem Herzen rede. Doch fasste ich mich, weil ich's schon oft gehört und mich öfter darüber geärgert hatte, und versetzte ihm mit einiger Lebhaftigkeit: „Du nennst das Schwäche? Ich bitte dich, lass dich vom Anscheine nicht verführen. Ein Volk, das unter dem unerträglichen Joch eines Tyrannen seufzt, darfst du das schwach heißen, wenn es endlich aufgärt und seine Ketten zerreißt? Ein Mensch, der über dem Schrecken, dass Feuer sein Haus ergriffen hat, alle Kräfte gespannt fühlt und mit Leichtigkeit Lasten wegträgt, die er bei ruhigem Sinne kaum bewegen kann; einer, der in der Wut der Beleidigung es mit sechsen aufnimmt und sie überwältigt, sind die schwach zu nennen? Und, mein Guter, wenn Anstrengung Stärke ist, warum soll die Überspannung das Gegenteil sein?" – Albert sah mich an und sagte: „Nimm mir's nicht übel, die Beispiele, die du da gibst, scheinen hieher gar nicht zu gehören." – „Es mag sein", sagte ich, „man hat mir schon öfters vorgeworfen, dass meine Kombinationsart manchmal an Radotage grenze. Lasst uns denn sehen, ob wir uns auf eine andere Weise vorstellen können, wie dem Menschen zumute sein mag, der sich entschließt, die sonst angenehme Bürde des Lebens abzuwerfen. Denn nur insofern wir mitempfinden, haben wir Ehre, von einer Sache zu reden.

Radotage Faselei, Geschwätz

Die menschliche Natur", fuhr ich fort, „hat ihre Grenzen: Sie kann Freude, Leid, Schmerzen bis auf einen gewissen Grad ertragen und geht zugrunde, sobald der überstiegen ist. Hier ist also nicht die Frage, ob einer schwach oder stark ist, sondern ob er das Maß seines Leidens ausdauern kann, es mag nun moralisch oder körperlich sein. Und ich finde es ebenso wunderbar zu sagen, der Mensch ist feige, der sich das Leben nimmt, als es ungehörig wäre, den einen Feigen zu nennen, der an einem bösartigen Fieber stirbt."

„Paradox! sehr paradox!", rief Albert aus. – „Nicht so sehr als du denkst", versetzte ich. „Du gibst mir zu, wir nennen das eine Krankheit zum Tode, wodurch die Natur so angegriffen wird, dass teils ihre Kräfte verzehrt, teils so außer Wirkung gesetzt werden, dass sie sich nicht wieder aufzuhelfen, durch keine glückliche

paradox widersinng, verblüffend

Krankheit zum Tode vgl. Johannes 11, 4

Revolution den gewöhnlichen Umlauf des Lebens wieder herzustellen fähig ist.

Nun, mein Lieber, lass uns das auf den Geist anwenden. Sieh den Menschen an in seiner Eingeschränktheit, wie Eindrücke auf ihn wirken, Ideen sich bei ihm festsetzen, bis endlich eine wachsende Leidenschaft ihn aller ruhigen Sinneskraft beraubt und ihn zugrunde richtet.

Vergebens, dass der gelassene vernünftige Mensch den Zustand des Unglücklichen übersieht, vergebens, dass er ihm zuredet! Ebenso wie ein Gesunder, der am Bette des Kranken steht, ihm von seinen Kräften nicht das Geringste einflößen kann."

Alberten war das zu allgemein gesprochen. Ich erinnerte ihn an ein Mädchen, das man vor weniger Zeit im Wasser tot gefunden, und wiederholte ihm ihre Geschichte. – „Ein gutes, junges Geschöpf, das in dem engen Kreise häuslicher Beschäftigungen, wöchentlicher bestimmter Arbeit herangewachsen war, das weiter keine Aussicht von Vergnügen kannte, als etwa sonntags in einem nach und nach zusammengeschafften Putz mit ihresgleichen um die Stadt spazieren zu gehen, vielleicht alle hohen Feste einmal zu tanzen und übrigens mit aller Lebhaftigkeit des herzlichsten Anteils manche Stunde über den Anlass eines Gezänkes, einer übeln Nachrede mit einer Nachbarin zu verplaudern – deren feurige Natur fühlt nun endlich innigere Bedürfnisse, die durch die Schmeicheleien der Männer vermehrt werden; ihre vorigen Freuden werden ihr nach und nach unschmackhaft, bis sie endlich einen Menschen antrifft, zu dem ein unbekanntes Gefühl sie unwiderstehlich hinreißt, auf den sie nun alle ihre Hoffnungen wirft, die Welt rings um sich vergisst, nichts hört, nichts sieht, nichts fühlt als ihn, den Einzigen, sich nur sehnt nach ihm, dem Einzigen. Durch die leeren Vergnügungen einer unbeständigen Eitelkeit nicht verdorben, zieht ihr Verlangen gerade nach dem Zweck, sie will die Seinige werden, sie will in ewiger Verbindung all das Glück antreffen, das ihr mangelt, die Vereinigung aller Freuden genießen, nach denen sie sich sehnte. Wiederholtes Versprechen, das ihr die Gewissheit aller Hoffnungen versiegelt, kühne Liebkosungen, die ihre Begierden vermehren, umfangen ganz ihre Seele; sie schwebt in einem dumpfen Bewusstsein, in einem Vorgefühl aller Freuden, sie ist bis auf den höchsten Grad gespannt. Sie streckt endlich ihre Arme aus, all ihre Wünsche zu umfassen – und ihr Geliebter verlässt sie. – Erstarrt, ohne Sinne steht sie vor einem Abgrunde; alles ist Finsternis um sie her, keine Aussicht, kein Trost, keine Ahnung! denn *der* hat sie verlassen, in dem sie allein ihr Dasein fühlte. Sie sieht nicht die weite Welt, die vor ihr liegt, nicht die vielen, die ihr den Verlust ersetzen könnten, sie fühlt sich allein, verlassen von aller Welt, – und blind, in die Enge gepresst von der entsetzlichen Not ihres Herzens, stürzt sie sich hinunter, um in einem rings umfangenden Tode alle ihre Qualen zu ersticken. – Sieh, Albert, das ist die Geschichte so manches Menschen! und sag, ist das nicht der Fall der Krankheit? Die Natur findet keinen Ausweg aus dem Labyrinthe der verworrenen und widersprechenden Kräfte und der Mensch muss sterben.

Wehe dem, der zusehen und sagen könnte: ‚Die Törin! Hätte sie gewartet, hätte sie die Zeit wirken lassen, die Verzweiflung würde sich schon gelegt, es würde sich schon ein anderer sie zu trösten vorgefunden haben.‘ – Das ist eben, als wenn einer sagte: ‚Der Tor, stirbt am Fieber! Hätte er gewartet, bis seine Kräfte sich erholt, seine Säfte sich verbessert, der Tumult seines Blutes sich gelegt hätten: alles wäre gut gegangen und er lebte bis auf den heutigen Tag!‘“

Albert, dem die Vergleichung noch nicht anschaulich war, wandte noch einiges ein und unter andern: Ich hätte nur von einem einfältigen Mädchen gesprochen; wie aber ein Mensch von Verstande, der nicht so eingeschränkt sei, der mehr Verhältnisse übersehe, zu entschuldigen sein möchte, könne er nicht begreifen. – „Mein Freund“, rief ich aus, „der Mensch ist Mensch und das bisschen Verstand, das einer haben mag, kommt wenig oder nicht in Anschlag, wenn Leidenschaft wütet und die Grenzen der Menschheit einen drängen. Vielmehr – Ein andermal davon …“, sagte ich und griff nach meinem Hute. Oh, mir war das Herz so voll – Und wir gingen auseinander, ohne einander verstanden zu haben. Wie denn auf dieser Welt keiner leicht den andern versteht.

Am 15. August.

Es ist doch gewiss, dass in der Welt den Menschen nichts notwendig macht als die Liebe. Ich fühl's an Lotten, dass sie mich ungern verlöre, und die Kinder haben keinen andern Begriff, als dass ich immer morgen wiederkommen würde. Heute war ich hinausgegangen, Lottens Klavier zu stimmen, ich konnte aber nicht dazu kommen, denn die Kleinen verfolgten mich um ein Märchen, und Lotte sagte selbst, ich sollte ihnen den Willen tun. Ich schnitt ihnen das Abendbrot, das sie nun fast so gern von mir als von Lotten annehmen, und erzählte ihnen das Hauptstückchen von der Prinzessin, die von Händen bedient wird. Ich lerne viel dabei, das versichre ich dich, und ich bin erstaunt, was es auf sie für Eindrücke macht. Weil ich manchmal einen Inzidentpunkt erfinden muss, den ich beim zweiten Mal vergesse, sagen sie gleich, das vorige Mal wär es anders gewesen, sodass ich mich jetzt übe, sie unveränderlich in einem singenden Silbenfall an einem Schnürchen wegzurezitieren. Ich habe daraus gelernt, wie ein Autor durch eine zweite veränderte Ausgabe seiner Geschichte, und wenn sie poetisch noch so besser geworden wäre, notwendig seinem Buche schaden muss. Der erste Eindruck findet uns willig und der Mensch ist gemacht, dass man ihn das Abenteuerlichste überreden kann; das haftet aber auch gleich so fest, und wehe dem, der es wieder auskratzen und austilgen will!

Inzidentpunkt Nebenpunkt im Handlungsgefüge

Am 18. August.

Musste denn das so sein, dass das, was des Menschen Glückseligkeit macht, wieder die Quelle seines Elendes würde?

Das volle warme Gefühl meines Herzens an der lebendigen Natur, das mich mit so vieler Wonne überströmte, das ringsumher die Welt mir zu einem Paradiese schuf, wird mir jetzt zu einem unerträglichen Peiniger, zu einem quälenden Geist, der mich auf allen Wegen verfolgt. Wenn ich sonst vom Felsen über den Fluss bis zu jenen Hügeln das fruchtbare Tal überschaute und alles um mich her keimen und quellen sah; wenn ich jene Berge, vom Fuße bis auf zum Gipfel mit hohen dichten Bäumen bekleidet, jene Täler in ihren mannigfaltigen Krümmungen von den lieblichsten Wäldern beschattet sah und der sanfte Fluss zwischen den lispelnden Rohren dahingleitete und die lieben Wolken abspiegelte, die der sanfte Abendwind am Himmel herüberwiegte; wenn ich dann die Vögel um mich den Wald beleben hörte und die Millionen Mückenschwärme im letzten roten Strahle der Sonne mutig tanzten und ihr letzter zuckender Blick den summenden Käfer aus seinem Grase befreite und das Schwirren und Weben um mich her mich auf den Boden aufmerksam machte und das Moos, das meinem harten Felsen seine Nahrung abzwingt, und das Geniste, das den dürren Sandhügel hinunter wächst, mir das innere, glühende, heilige Leben der Natur eröffnete: Wie fasste ich das alles in mein warmes Herz, fühlte mich in der überfließenden Fülle wie vergöttert und die herrlichen Gestalten der unendlichen Welt bewegten sich allbelebend in meiner Seele. Ungeheure Berge umgaben mich, Abgründe lagen vor mir und Wetterbäche stürzten herunter, die Flüsse strömten unter mir und Wald und Gebirg erklang; und ich sah sie wirken und schaffen ineinander in den Tiefen der Erde, alle die unergründlichen Kräfte; und nun über der Erde und unter dem Himmel wimmeln die Geschlechter der mannigfaltigen Geschöpfe. Alles, alles bevölkert mit tausendfachen Gestalten; und die Menschen dann sich in Häuslein zusammen sichern und sich annisten und herrschen in ihrem Sinne über die weite Welt! Armer Tor! der du alles so gering achtest, weil du so klein bist. – Vom unzugänglichen Gebirge über die Einöde, die kein Fuß betrat, bis ans Ende des unbekannten Ozeans weht der Geist des Ewigschaffenden und freut sich jedes Staubes, der ihn vernimmt und lebt. – Ach damals, wie oft habe ich mich mit Fittichen eines Kranichs, der über mich hinflog, zu dem Ufer des ungemessenen Meeres gesehnt, aus dem schäumenden Becher des Unendlichen jene schwellende Lebenswonne zu trinken und nur einen Augenblick, in der eingeschränkten Kraft meines Busens, einen Tropfen der Seligkeit des Wesens zu fühlen, das alles in sich und durch sich hervorbringt.

Bruder, nur die Erinnerung jener Stunden macht mir wohl. Selbst diese Anstrengung, jene unsäglichen Gefühle zurückzurufen, wieder auszusprechen, hebt meine Seele über sich selbst und lässt mich dann das Bange des Zustandes doppelt empfinden, der mich jetzt umgibt.

Es hat sich vor meiner Seele wie ein Vorhang weggezogen und der Schauplatz des unendlichen Lebens verwandelt sich vor mir in den Abgrund des ewig offnen Grabes. Kannst du sagen: *Das ist!* da alles vorübergeht? da alles mit der Wetterschnelle vorüberrollt, so selten die ganze Kraft seines Daseins ausdauert, ach! in den Strom fortgerissen, untergetaucht und an Felsen zerschmettert wird? Da ist kein Augenblick, der nicht dich verzehrte und die Deinigen um dich her, kein Augenblick, da du nicht ein Zerstörer bist, sein musst; der harmloseste Spaziergang kostet tausend armen Würmchen das Leben, es zerrüttet ein Fußtritt die mühseligen Gebäude der Ameisen und stampft eine kleine Welt in ein schmähliches Grab. Ha! nicht die große, seltne Not der Welt, diese Fluten, die eure Dörfer wegspülen, diese Erdbeben, die eure Städte verschlingen, rühren mich; mir untergräbt das Herz die verzehrende Kraft, die in dem All der Natur verborgen liegt; die nichts gebildet hat, das nicht seinen Nachbar, nicht sich selbst zerstörte. Und so taumle ich beängstigt. Himmel und Erde und ihre webenden Kräfte um mich her: Ich sehe nichts als ein ewig verschlingendes, ewig wiederkäuendes Ungeheuer.

Am 21. August.

Umsonst strecke ich meine Arme nach ihr aus, morgens, wenn ich von schweren Träumen aufdämmere, vergebens suche ich sie nachts in meinem Bette, wenn mich ein glücklicher, unschuldiger Traum getäuscht hat, als säß ich neben ihr auf der Wiese und hielt' ihre Hand und deckte sie mit tausend Küssen. Ach, wenn ich dann noch halb im Taumel des Schlafes nach ihr tappe und drüber mich ermuntere – ein Strom von Tränen bricht aus meinem gepressten Herzen, und ich weine trostlos einer finstern Zukunft entgegen.

Am 22. August.

Es ist ein Unglück, Wilhelm, meine tätigen Kräfte sind zu einer unruhigen Lässigkeit verstimmt, ich kann nicht müßig sein und kann doch auch nichts tun. Ich habe keineVorstellungskraft, kein Gefühl an der Natur und die Bücher ekeln mich an. Wenn wir uns selbst fehlen, fehlt uns doch alles. Ich schwöre dir, manchmal wünschte ich ein Tagelöhner zu sein, um nur des Morgens beim Erwachen eine Aussicht auf den künftigen Tag, einen Drang, eine Hoffnung zu haben. Oft beneide ich Alberten, den ich über die Ohren in Akten begraben sehe, und bilde mir ein, mir wäre wohl, wenn ich an seiner Stelle wäre! Schon etliche Mal ist mir's so aufgefahren, ich wollte dir schreiben und dem Minister, um die Stelle bei der Gesandtschaft anzuhalten, die, wie du versicherst, mir nicht versagt werden würde. Ich glaube es selbst. Der Minister liebt mich seit langer Zeit, hatte lange mir angelegen, ich sollte mich irgendeinem Geschäfte widmen; und eine Stunde ist mir's auch wohl drum zu tun. Hernach, wenn ich wieder dran denke und mir die Fabel vom Pferde einfällt, das, seiner Freiheit ungeduldig, sich Sattel und Zeug auflegen lässt und zuschanden geritten wird – ich weiß nicht, was ich soll. – Und, mein Lieber! ist nicht vielleicht das Sehnen in mir nach Veränderung des Zustands eine innere, unbehagliche Ungeduld, die mich überallhin verfolgen wird?

Am 28. August.

Es ist wahr, wenn meine Krankheit zu heilen wäre, so würden diese Menschen es tun. Heute ist mein Geburtstag und in aller Frühe empfange ich ein Päckchen von Alberten. Mir fällt beim Eröffnen

Duodez kleines Taschenbuchformat

Wetstein Amsterdamer Buchdrucker um 1700 ←

sogleich eine der blassroten Schleifen in die Augen, die Lotte vor hatte, als ich sie kennen lernte, und um die ich sie seither etliche Mal gebeten hatte. Es waren zwei Büchelchen in Duodez dabei, der kleine Wetsteinische Homer, eine Ausgabe, nach der ich so oft verlangt, um mich auf dem Spaziergange mit dem Ernestischen nicht zu schleppen. Sieh! so kommen sie meinen Wünschen zuvor, so suchen sie alle die kleinen Gefälligkeiten der Freundschaft auf, die tausendmal werter sind als jene blendenden Geschenke, wodurch uns die Eitelkeit des Gebers erniedrigt. Ich küsse diese Schleife tausendmal, und mit jedem Atemzuge schlürfe ich die Erinnerung jener Seligkeiten ein, mit denen mich jene wenigen, glücklichen, unwiederbringlichen Tage überfüllten. Wilhelm, es ist so, und ich murre nicht, die Blüten des Lebens sind nur Erscheinungen! Wie viele gehn vorüber, ohne eine Spur hinter sich zu lassen, wie wenige setzen Frucht an und wie wenige dieser Früchte werden reif! Und doch sind deren noch genug da; und doch – O mein Bruder! – können wir gereifte Früchte vernachlässigen, verachten, ungenossen verfaulen lassen?

Lebe wohl! Es ist ein herrlicher Sommer; ich sitze oft auf den Obstbäumen in Lottens Baumstück mit dem Obstbrecher, der langen Stange, und hole die Birnen aus dem Gipfel. Sie steht unten und nimmt sie ab, wenn ich sie ihr herunterlasse.

Am 30. August.

Unglücklicher! Bist du nicht ein Tor? Betrügst du dich nicht selbst? Was soll diese tobende, endlose Leidenschaft? Ich habe kein Gebet mehr als an sie; meiner Einbildungskraft erscheint keine andere Gestalt als die ihrige und alles in der Welt um mich her sehe ich nur im Verhältnisse mit ihr. Und das macht mir denn so manche glückliche Stunde – bis ich mich wieder von ihr losreißen muss! Ach Wilhelm! wozu mich mein Herz oft drängt! – Wenn ich bei ihr gesessen bin, zwei, drei Stunden, und mich an ihrer Gestalt, an ihrem Betragen, an dem himmlischen Ausdruck ihrer Worte geweidet habe und nun nach und nach alle meine Sinne aufgespannt werden, mir es düster vor den Augen wird, ich kaum noch höre, und es mich an die Gurgel fasst wie ein Meuchelmörder, dann mein Herz in wilden Schlägen den bedrängten Sinnen Luft zu machen sucht und ihre Verwirrung nur vermehrt – Wilhelm, ich weiß oft nicht, ob ich auf der Welt bin! Und – wenn nicht manchmal die Wehmut das Übergewicht nimmt und Lotte mir den elenden Trost erlaubt, auf ihrer Hand meine Beklemmung auszuweinen, – so muss ich fort, muss hinaus! und schweife dann weit im Feld umher; einen jähen Berg zu klettern ist dann meine Freude, durch einen unwegsamen Wald einen Pfad durchzuarbeiten, durch die Hecken, die mich verletzen, durch die Dornen, die mich zerreißen! Da wird mir's etwas besser! Etwas! Und wenn ich vor Müdigkeit und Durst manchmal unterwegs liegen bleibe, manchmal in der tiefen Nacht, wenn der hohe Vollmond über mir steht, im einsamen Walde auf einen krumm gewachsenen Baum mich setze, um meinen verwundeten Sohlen nur einige Linderung zu verschaffen, und dann in einer ermattenden Ruhe in dem Dämmerschein hinschlummre! O Wilhelm! die einsame Wohnung einer Zelle, das härene Gewand und der Stachelgürtel wären Labsale, nach denen meine Seele schmachtet. Adieu! Ich seh dieses Elendes kein Ende als das Grab.

Am 3. September.

Ich muss fort! Ich danke dir, Wilhelm, dass du meinen wankenden Entschluss bestimmt hast. Schon vierzehn Tage gehe ich mit dem Gedanken um, sie zu verlassen. Ich muss fort. Sie ist wieder in der Stadt bei einer Freundin. Und Albert – und – ich muss fort!

Am 10. September.

Das war eine Nacht! Wilhelm! nun überstehe ich alles. Ich werde sie nicht wieder sehn! O dass ich nicht an deinen Hals fliegen, dir mit tausend Tränen und Entzückungen ausdrücken kann, mein Bester, die Empfindungen, die mein Herz bestürmen. Hier sitze ich und schnappe nach Luft, suche mich zu beruhigen, erwarte den Morgen und mit Sonnenaufgang sind die Pferde bestellt.

Ach, sie schläft ruhig und denkt nicht, dass sie mich nie wieder sehen wird. Ich habe mich losgerissen, bin stark genug gewesen, in einem Gespräch von zwei Stunden mein Vorhaben nicht zu verraten. Und Gott, welch ein Gespräch!

Albert hatte mir versprochen, gleich nach dem Nachtessen mit Lotten im Garten zu sein. Ich stand auf der Terrasse unter den hohen Kastanienbäumen und sah der Sonne nach, die mir nun zum letzten Male über dem lieblichen Tale, über dem sanften Fluss unterging. So oft hatte ich hier gestanden mit ihr und eben dem herrlichen Schauspiele zugesehen und nun – Ich ging in der Allee auf und ab, die mir so lieb war; ein geheimer sympathetischer Zug hatte mich hier so oft gehalten, ehe ich noch Lotten kannte, und wie freuten wir uns, als wir im Anfang unserer Bekanntschaft die wechselseitige Neigung zu diesem Plätzchen entdeckten, das wahrhaftig eins von den romantischsten ist, die ich von der Kunst hervorgebracht gesehen habe.

Erst hast du zwischen den Kastanienbäumen die weite Aussicht – ach, ich erinnere mich, ich habe dir, denk ich, schon viel davon geschrieben, wie hohe Buchenwände einen endlich einschließen und durch ein daranstoßendes Boskett die Allee immer düsterer wird, bis zuletzt alles sich in ein geschlossenes Plätzchen endigt, das alle Schauer der Einsamkeit umschweben. Ich fühle es noch, wie heimlich mir's ward, als ich zum ersten Male an einem hohen Mittage hineintrat; ich ahnete ganz leise, was für ein Schauplatz das noch werden sollte von Seligkeit und Schmerz.

Boskett *(frz.)* Büsche in Parkanlagen

Ich hatte mich etwa eine halbe Stunde in den schmachtenden, süßen Gedanken des Abscheidens, des Wiedersehens geweidet, als ich sie die Terrasse heraufsteigen hörte. Ich lief ihnen entgegen, mit einem Schauer fasste ich ihre Hand und küsste sie. Wir waren eben heraufgetreten, als der Mond hinter dem buschigen Hügel aufging; wir redeten mancherlei und kamen unvermerkt dem düstern Kabinette näher. Lotte trat hinein und setzte sich, Albert neben sie, ich auch; doch meine Unruhe ließ mich nicht lange sitzen; ich stand auf, trat vor sie, ging auf und ab, setzte mich wieder: Es war ein ängstlicher Zustand. Sie machte uns aufmerksam auf die schöne Wirkung des Mondenlichtes, das am Ende der Buchenwände die ganze Terrasse vor uns erleuchtete: Ein herrlicher Anblick, der um so viel frappanter war, weil uns rings eine tiefe Dämmerung einschloss. Wir waren still und sie fing nach einer Weile an: „Niemals gehe ich im Mondenlichte spazieren, niemals, dass mir nicht der Gedanke an meine Verstorbenen begegnete, dass nicht das Gefühl von Tod, von Zukunft über mich käme. Wir werden sein!", fuhr sie mit der Stimme des herrlichsten Gefühls fort; „aber, Werther, sollen wir uns wieder finden? wieder erkennen? Was ahnen Sie? Was sagen Sie?"

„Lotte", sagte ich, indem ich ihr die Hand reichte und mir die Augen voll Tränen wurden, „wir werden uns wieder sehn! Hier und dort wieder sehn!" – Ich konnte nicht weiterreden – Wilhelm, musste sie mich das fragen, da ich diesen ängstlichen Abschied im Herzen hatte!

„Und ob die lieben Abgeschiednen von uns wissen", fuhr sie fort, „ob sie fühlen, wann's uns wohl geht, dass wir mit warmer Liebe uns ihrer erinnern? Oh! die Gestalt meiner Mutter schwebt immer um mich, wenn ich am stillen Abend unter ihren Kindern, unter meinen Kindern sitze und sie um mich versammelt sind, wie sie um sie versammelt waren. Wenn ich dann mit einer sehnenden Träne gen Himmel sehe und wünsche, dass sie hereinschauen könnte einen Augenblick, wie ich mein Wort halte, das ich ihr in der Stunde des Todes gab: die Mutter ihrer Kinder zu sein. Mit welcher Empfindung rufe ich aus: ‚Verzeihe mir's, Teuerste, wenn ich ihnen nicht bin, was du ihnen warst. Ach! tue ich doch alles, was ich kann; sind sie doch gekleidet, genährt, ach, und, was mehr ist als das alles, gepflegt und geliebt. Könntest du unsere Eintracht sehen, liebe Heilige! du würdest mit dem heißesten Danke den Gott verherrlichen, den du mit den letzten, bittersten Tränen um die Wohlfahrt deiner Kinder batest.'" –

Sie sagte das! o Wilhelm, wer kann wiederholen, was sie sagte! Wie kann der kalte tote Buchstabe diese himmlische Blüte des Geistes darstellen! Albert fiel ihr sanft in die Rede: „Es greift Sie zu stark an, liebe Lotte! Ich weiß, Ihre Seele hängt sehr nach diesen Ideen, aber ich bitte Sie …" – „O Albert", sagte sie, „ich weiß, du vergissest nicht die Abende, da wir zusammen saßen an dem kleinen runden Tischchen, wenn der Papa verreist war, und wir die Kleinen schlafen geschickt hatten. Du hattest oft ein gutes Buch und kamst so selten dazu, etwas zu lesen – War der Umgang dieser herrlichen Seele nicht mehr als alles? Die schöne, sanfte, muntere und immer tätige Frau! Gott kennt meine Tränen, mit denen ich mich oft in meinem Bette vor ihn hinwarf, er möchte mich ihr gleich machen."

„Lotte!", rief ich aus, indem ich mich vor sie hinwarf, ihre Hand nahm und mit tausend Tränen netzte, „Lotte! der Segen Gottes ruht über dir und der Geist deiner Mutter!" – „Wenn Sie sie gekannt hätten", sagte sie, indem sie mir die Hand drückte, – „sie war wert, von Ihnen gekannt zu sein!" Ich glaubte zu vergehen. Nie war ein größeres, stolzeres Wort über mich ausgesprochen worden – und sie fuhr fort: „Und diese Frau musste in der Blüte ihrer Jahre dahin, da ihr jüngster Sohn nicht sechs Monate alt war! Ihre Krankheit dauerte nicht lange; sie war ruhig, hingegeben, nur ihre Kinder taten ihr weh, besonders das kleine. Wie es gegen das Ende ging und sie zu mir sagte: ‚Bringe mir sie herauf!' und wie ich sie hereinführte, die kleinen, die nicht wussten, und die ältesten, die ohne Sinne waren, wie sie ums Bette standen, und wie sie die Hände aufhob und über sie betete und sie küsste nacheinander und sie wegschickte und zu mir sagte: ‚Sei ihre Mutter!' – Ich gab ihr die Hand drauf! – ‚Du versprichst viel, meine Tochter', sagte sie, ‚das Herz einer Mutter und das Aug einer Mutter. Ich habe oft an deinen dankbaren Tränen gesehen, dass du fühlst, was das sei.

→ viel v. Lotte erwartet

Habe es für deine Geschwister und für deinen Vater die Treue und den Gehorsam einer Frau. Du wirst ihn trösten.' – Sie fragte nach ihm, er war ausgegangen, um uns den unerträglichen Kummer zu verbergen, den er fühlte, der Mann war ganz zerrissen.

Albert, du warst im Zimmer. Sie hörte jemand gehn und fragte und forderte dich zu sich, und wie sie dich ansah und mich, mit dem getrösteten ruhigen Blicke, dass wir glücklich sein, zusammen glücklich sein würden. …" Albert fiel ihr um den Hals und küsste sie und rief: „Wir sind es! wir werden es sein!" – Der ruhige Albert war ganz aus seiner Fassung und ich wusste nichts von mir selber.

„Werther", fing sie an, „und diese Frau sollte dahin sein! Gott! wenn ich manchmal denke, wie man das Liebste seines Lebens wegtragen lässt, und niemand als die Kinder das so scharf fühlt, die sich noch lange beklagten, die schwarzen Männer hätten die Mama weggetragen!"

Sie stand auf und ich ward erweckt und erschüttert, blieb sitzen und hielt ihre Hand. – „Wir wollen fort", sagte sie, „es wird Zeit." – Sie wollte ihre Hand zurückziehen und ich hielt sie fester. – „Wir werden uns wieder sehen", rief ich, „wir werden uns finden, unter allen Gestalten werden wir uns erkennen. Ich gehe", fuhr ich fort, „ich gehe willig und doch, wenn ich sagen sollte auf ewig, ich würde es nicht aushalten. Leb wohl, Lotte! Leb wohl, Albert! Wir sehn uns wieder." – „Morgen, denke ich", versetzte sie scherzend. – Ich fühlte das Morgen! Ach, sie wusste nicht, als sie ihre Hand aus der meinen zog –. Sie gingen die Allee hinaus, ich stand, sah ihnen nach im Mondscheine und warf mich an die Erde und weinte mich aus und sprang auf und lief auf die Terrasse hervor und sah noch dort unten im Schatten der hohen Lindenbäume ihr weißes Kleid nach der Gartentür schimmern, ich streckte meine Arme aus und es verschwand.

ZWEITES BUCH

Am 20. Oktober 1771.

Gestern sind wir hier angelangt. Der Gesandte ist unpass und wird sich also einige Tage einhalten. Wenn er nur nicht so unhold wäre, wär alles gut. Ich merke, ich merke, das Schicksal hat mir harte Prüfungen zugedacht. Doch gutes Muts! Ein leichter Sinn trägt alles! Ein leichter Sinn? Das macht mich zu lachen, wie das Wort in meine Feder kommt. Oh, ein bisschen leichteres Blut würde mich zum Glücklichsten unter der Sonne machen. Was! da, wo andere mit ihrem bisschen Kraft und Talent vor mir in behaglicher Selbstgefälligkeit herumschwadronieren, verzweifle ich an meiner Kraft, an meinen Gaben? Guter Gott, der du mir das alles schenktest, warum hieltest du nicht die Hälfte zurück und gabst mir Selbstvertrauen und Genügsamkeit!

herumschwadronieren prahlen, übertreiben

Geduld! Geduld! es wird besser werden. Denn ich sage dir, Lieber, du hast recht. Seit ich unter dem Volke alle Tage herumgetrieben werde und sehe, was sie tun und wie sie's treiben, stehe ich viel besser mit mir selbst. Gewiss, weil wir doch einmal so gemacht sind, dass wir alles mit uns und uns mit allem vergleichen, so liegt Glück oder Elend in den Gegenständen, womit wir uns zusammenhalten, und da ist nichts gefährlicher als die Einsamkeit. Unsere Einbildungskraft, durch ihre Natur gedrungen sich zu erheben, durch die fantastischen Bilder der Dichtkunst genährt, bildet sich eine Reihe Wesen hinauf, wo wir das Unterste sind und alles außer uns herrlicher erscheint, jeder andere vollkommner ist. Und das geht ganz natürlich zu. Wir fühlen so oft, dass uns manches mangelt, und eben was uns fehlt, scheint uns oft ein anderer zu besitzen, dem wir denn auch alles dazu geben, was *wir* haben, und noch eine gewisse idealische Behaglichkeit dazu. Und so ist der Glückliche vollkommen fertig, das Geschöpf unserer selbst.

Dagegen, wenn wir mit all unserer Schwachheit und Mühseligkeit nur gerade fortarbeiten, so finden wir gar oft, dass wir mit unserem Schlendern und Lavieren es weiter bringen als andere mit ihrem Segeln und Rudern und – das ist doch ein wahres Gefühl seiner selbst, wenn man andern gleich oder gar vorläuft.

Am 26. November 1771.

Ich fange an, mich insofern ganz leidlich hier zu befinden. Das Beste ist, dass es zu tun genug gibt; und dann die vielerlei Menschen, die allerlei neuen Gestalten machen mir ein buntes Schauspiel vor meiner Seele. Ich habe den Grafen C.. kennen lernen, einen Mann, den ich jeden Tag mehr verehren muss, einen weiten, großen Kopf, und der deswegen nicht kalt ist, weil er viel übersieht; aus dessen Umgange so viel Empfindung für Freundschaft und Liebe hervorleuchtet. Er nahm teil an mir, als ich einen Geschäftsauftrag an ihn ausrichtete und er bei den ersten Worten merkte, dass wir uns verstanden, dass er mit mir reden konnte wie nicht mit jedem. Auch kann ich sein offnes Betragen gegen mich nicht genug rühmen. So eine wahre, warme Freude ist nicht in der Welt, als eine große Seele zu sehen, die sich gegen einen öffnet.

Am 24. Dezember 1771.

Der Gesandte macht mir viel Verdruss, ich habe es vorausgesehn. Er ist der pünktlichste Narr, den es nur geben kann; Schritt vor Schritt und umständlich wie eine Base; ein Mensch, der nie mit sich selbst zufrieden ist, und dem es daher niemand zu Danke machen kann. Ich arbeite gern leicht weg, und wie es steht, so steht es; da ist er imstande, mir einen Aufsatz zurückzugeben und zu sagen: „Er ist gut, aber sehen Sie ihn durch, man findet immer ein besseres Wort, eine reinere Partikel.“ – Da möchte ich des Teufels werden. Kein Und, kein Bindewörtchen darf außen bleiben und von allen Inversionen, die mir manchmal entfahren, ist er ein Todfeind; wenn man seinen Period nicht nach der hergebrachten Melodie heraborgelt, so versteht er gar nichts drin. Das ist ein Leiden, mit so einem Menschen zu tun zu haben.

Das Vertrauen des Grafen von C.. ist noch das Einzige, was mich schadlos hält. Er sagte mir letzthin ganz aufrichtig, wie unzufrieden er mit der Langsamkeit und Bedenklichkeit meines Gesandten sei. „Die Leute erschweren es sich und andern; doch“, sagte er, „man muss sich darein resignieren wie ein Reisender, der über einen Berg muss; freilich, wäre der Berg nicht da, so wäre der Weg viel bequemer und kürzer; er ist nun aber da und man soll hinüber!“ –

Mein Alter spürt auch wohl den Vorzug, den mir der Graf vor ihm gibt, und das ärgert ihn und er ergreift jede Gelegenheit, Übles gegen mich vom Grafen zu reden: Ich halte, wie natürlich,

Partikel Sammelbegriff für Präposition, Konjunktion, Adverb

Inversion Umstellung im Satzbau, Stil des Sturm und Drang

Period ursprünglich maskulin gebraucht: Satzgefüge

Widerpart und dadurch wird die Sache nur schlimmer. Gestern gar brachte er mich auf, denn ich war mit gemeint: Zu so Weltgeschäften sei der Graf ganz gut, er habe viele Leichtigkeit zu arbeiten und führe eine gute Feder, doch an gründlicher Gelehrsamkeit mangle es ihm wie allen Belletristen. Dazu machte er eine Miene, als ob er sagen wollte: „Fühlst du den Stich?" Aber es tat bei mir nicht die Wirkung; ich verachtete den Menschen, der so denken und sich so betragen konnte. Ich hielt ihm stand und focht mit ziemlicher Heftigkeit. Ich sagte, der Graf sei ein Mann, vor dem man Achtung haben müsse, wegen seines Charakters sowohl als wegen seiner Kenntnisse. „Ich habe", sagt' ich, „niemand gekannt, dem es so geglückt wäre, seinen Geist zu erweitern, ihn über unzählige Gegenstände zu verbreiten und doch diese Tätigkeit fürs gemeine Leben zu behalten." – Das waren dem Gehirne spanische Dörfer, und ich empfahl mich, um nicht über ein weiteres Deraisonnement noch mehr Galle zu schlucken.

Belletrist
Schöngeist, Liebhaber der „belles lettres"

Deraisonnement
Geschwätz

Und daran seid ihr alle schuld, die ihr mich in das Joch geschwatzt und mir so viel von Aktivität vorgesungen habt. Aktivität! Wenn nicht der mehr tut, der Kartoffeln legt und in die Stadt reitet, sein Korn zu verkaufen, als ich, so will ich zehn Jahre noch mich auf der Galeere abarbeiten, auf der ich nun angeschmiedet bin.

Und das glänzende Elend, die Langeweile unter dem garstigen Volke, das sich hier nebeneinander sieht! die Rangsucht unter ihnen, wie sie nur wachen und aufpassen, einander ein Schrittchen abzugewinnen; die elendesten, erbärmlichsten Leidenschaften, ganz ohne Röckchen. Da ist ein Weib, zum Exempel, die jedermann von ihrem Adel und ihrem Lande unterhält, sodass jeder Fremde denken muss: Das ist eine Närrin, die sich auf das bisschen Adel und auf den Ruf ihres Landes Wunderstreiche einbildet. – Aber es ist noch viel ärger: Eben das Weib ist hier aus der Nachbarschaft eine Amtschreiberstochter. – Sieh, ich kann das Menschengeschlecht nicht begreifen, das so wenig Sinn hat, um sich so platt zu prostituieren.

Zwar ich merke täglich mehr, mein Lieber, wie töricht man ist, andere nach sich zu berechnen. Und weil ich so viel mit mir selbst zu tun habe und dieses Herz so stürmisch ist – ach ich lasse gern die andern ihres Pfades gehen, wenn sie mich nur auch könnten gehen lassen.

Was mich am meisten neckt, sind die fatalen bürgerlichen Verhältnisse. Zwar weiß ich so gut als einer, wie nötig der Unterschied der Stände ist, wie viel Vorteile er mir selbst verschafft: Nur soll er mir nicht eben gerade im Wege stehen, wo ich noch ein wenig Freude, einen Schimmer von Glück auf dieser Erde genießen könnte. Ich lernte neulich auf dem Spaziergange ein Fräulein von B.. kennen, ein liebenswürdiges Geschöpf, das sehr viele Natur mitten in dem steifen Leben erhalten hat. Wir gefielen uns in unserem Gespräche, und da wir schieden, bat ich sie um Erlaubnis, sie bei sich sehen zu dürfen. Sie gestattete mir das mit so viel Freimütigkeit, dass ich den schicklichen Augenblick kaum erwarten konnte, zu ihr zu gehen. Sie ist nicht von hier und wohnt bei einer Tante im Hause. Die Physiognomie der Alten gefiel mir nicht. Ich bezeigte ihr viel Aufmerksamkeit, mein Gespräch war meist an sie gewandt, und in minder als einer halben Stunde hatte ich so ziemlich weg, was mir das Fräulein nachher selbst gestand: dass die liebe Tante in ihrem Alter Mangel von allem, kein anständiges Vermögen, keinen Geist und keine Stütze hat als die Reihe ihrer Vorfahren, keinen Schirm als den Stand, in den sie sich verpalisadiert, und kein Ergetzen, als von ihrem Stockwerk herab über die bürgerlichen Häupter wegzusehen. In ihrer Jugend soll sie schön gewesen sein und ihr Leben weggegaukelt, erst mit ihrem Eigensinne manchen armen Jungen gequält und in den reifern Jahren sich unter den Gehorsam eines alten Offiziers geduckt haben, der gegen diesen Preis und einen leidlichen Unterhalt das eherne Jahrhundert mit ihr zubrachte und starb. Nun sieht sie im eisernen sich allein und würde nicht angesehn, wär ihre Nichte nicht so liebenswürdig.

Den 8. Januar 1772.

Was das für Menschen sind, deren ganze Seele auf dem Zeremoniell ruht, deren Dichten und Trachten jahrelang dahin geht, wie sie um einen Stuhl weiter hinauf bei Tische sich einschieben wollen! Und nicht, dass sie sonst keine Angelegenheit hätten: Nein, vielmehr häufen sich die Arbeiten, eben weil man über den kleinen Verdrießlichkeiten von Beförderung der wichtigen Sachen abgehalten wird. Vorige Woche gab es bei der Schlittenfahrt Händel und der ganze Spaß wurde verdorben.

Die Toren, die nicht sehen, dass es eigentlich auf den Platz gar nicht ankommt und dass der, der den ersten hat, so selten die erste Rolle spielt! Wie mancher König wird durch seinen Minister, wie mancher Minister durch seinen Sekretär regiert! Und wer ist dann der Erste? Der, dünkt mich, der die andern übersieht und so viel Gewalt oder List hat, ihre Kräfte und Leidenschaften zur Ausführung seiner Pläne anzuspannen.

Am 20. Januar.

Ich muss Ihnen schreiben, liebe Lotte, hier in der Stube einer geringen Bauernherberge, in die ich mich vor einem schweren Wetter geflüchtet habe. Solange ich in dem traurigen Neste D.. unter dem fremden, meinem Herzen ganz fremden Volke herumziehe, habe ich keinen Augenblick gehabt, keinen, an dem mein Herz mich geheißen hätte, Ihnen zu schreiben; und jetzt in dieser Hütte, in dieser Einsamkeit, in dieser Einschränkung, da Schnee und Schloßen wider mein Fensterchen wüten, hier waren Sie mein erster Gedanke. Wie ich hereintrat, überfiel mich Ihre Gestalt, Ihr Andenken, o Lotte! so heilig, so warm! Guter Gott! Der erste glückliche Augenblick wieder.

Schloße
Hagelkorn

Wenn Sie mich sähen, meine Beste, in dem Schwall von Zerstreuung! Wie ausgetrocknet meine Sinne werden! Nicht *einen* Augenblick der Fülle des Herzens, nicht *eine* selige Stunde! nichts! nichts! Ich stehe wie vor einem Raritätenkasten und sehe die Männchen und Gäulchen vor mir herumrücken und frage mich oft, ob es nicht optischer Betrug ist. Ich spiele mit, vielmehr, ich werde gespielt wie eine Marionette und fasse manchmal meinen Nachbar an der hölzernen Hand und schaudere zurück. Des Abends nehme ich mir vor, den Sonnenaufgang zu genießen, und komme nicht aus dem Bette; am Tage hoffe ich, mich des Mondscheins zu erfreuen, und bleibe in meiner Stube. Ich weiß nicht recht, warum ich aufstehe, warum ich schlafen gehe.

Raritätenkasten
Jahrmarktsguckkasten

Der Sauerteig, der mein Leben in Bewegung setzte, fehlt; der Reiz, der mich in tiefen Nächten munter erhielt, ist hin, der mich des Morgens aus dem Schlafe weckte, ist weg.

Ein einzig weibliches Geschöpf habe ich hier gefunden, ein Fräulein von B.., sie gleicht Ihnen, liebe Lotte, wenn man Ihnen gleichen kann. „Ei!“, werden Sie sagen, „der Mensch legt sich auf niedliche Komplimente!“ Ganz unwahr ist es nicht. Seit einiger Zeit bin ich sehr artig, weil ich doch nicht anders sein kann, habe viel Witz, und die Frauenzimmer sagen, es wüsste niemand so fein zu loben als ich (und zu lügen, setzen Sie hinzu, denn ohne das geht es nicht ab, verstehen Sie?). Ich wollte von Fräulein B.. reden. Sie hat viel Seele, die voll aus ihren blauen Augen hervorblickt. Ihr Stand ist ihr zur Last, der keinen der Wünsche ihres Herzens befriedigt. Sie sehnt sich aus dem Getümmel und wir verfantasieren manche Stunde in ländlichen Szenen von ungemischter Glückseligkeit; ach! und von Ihnen! Wie oft muss sie Ihnen huldigen, muss nicht, tut es freiwillig, hört so gern von Ihnen, liebt Sie. –

O säß ich zu Ihren Füßen in dem lieben vertraulichen Zimmerchen und unsere kleinen Lieben wälzten sich miteinander um mich herum, und wenn sie Ihnen zu laut würden, wollte ich sie mit einem schauerlichen Märchen um mich zur Ruhe versammeln.

Die Sonne geht herrlich unter über der schneeglänzenden Gegend, der Sturm ist hinüber gezogen und ich – muss mich wieder in meinen Käfig sperren. – Adieu! Ist Albert bei Ihnen? Und wie –? Gott verzeihe mir diese Frage!

Den 8. Februar.

Wir haben seit acht Tagen das abscheulichste Wetter und mir ist es wohltätig. Denn so lang ich hier bin, ist mir noch kein schöner Tag am Himmel erschienen, den mir nicht jemand verdorben oder verleidet hätte. Wenn's nun recht regnet und stöbert und fröstelt und taut: Ha! denk ich, kann's doch zu Hause nicht schlimmer werden, als es draußen ist, oder umgekehrt, und so ist's gut. Geht die Sonne des Morgens auf und verspricht einen feinen Tag, erwehr ich mir niemals auszurufen: Da haben sie doch wieder ein himmlisches Gut, worum sie einander bringen können. Es ist nichts, worum sie einander nicht bringen. Gesundheit, guter Name, Freudigkeit, Erholung! Und meist aus Albernheit, Unbegriff und Enge und, wenn man sie anhört, mit der besten Meinung. Manchmal möcht ich sie auf den Knien bitten, nicht so rasend in ihre eigenen Eingeweide zu wüten.

Eingeweide so viel wie Seele, Herz

Am 17. Februar.

Ich fürchte, mein Gesandter und ich halten es zusammen nicht lange mehr aus. Der Mann ist ganz und gar unerträglich. Seine Art zu arbeiten und Geschäfte zu treiben ist so lächerlich, dass ich mich nicht enthalten kann, ihm zu widersprechen und oft eine Sache nach meinem Kopf und meiner Art zu machen, das ihm denn, wie natürlich, niemals recht ist. Darüber hat er mich neulich bei Hofe verklagt, und der Minister gab mir einen zwar sanften Verweis, aber es war doch ein Verweis, und ich stand im Begriffe, meinen Abschied zu begehren, als ich einen Privatbrief* von ihm erhielt, einen Brief, vor dem ich niedergekniet, und den hohen, ed-

* Man hat aus Ehrfurcht für diesen trefflichen Herrn gedachten Brief und einen andern, dessen weiter hinten erwähnt wird, dieser Sammlung entzogen, weil man nicht glaubte, eine solche Kühnheit durch den wärmsten Dank des Publikums entschuldigen zu können.

len, weisen Sinn angebetet habe. Wie er meine allzu große Empfindlichkeit zurechtweiset, wie er meine überspannten Ideen von Wirksamkeit, von Einfluss auf andere, von Durchdringen in Geschäften als jugendlichen guten Mut zwar ehrt, sie nicht auszurotten, nur zu mildern und dahin zu leiten sucht, wo sie ihr wahres Spiel haben, ihre kräftige Wirkung tun können. Auch bin ich auf acht Tage gestärkt und in mir selbst einig geworden. Die Ruhe der Seele ist ein herrliches Ding und die Freude an sich selbst. Lieber Freund, wenn nur das Kleinod nicht eben so zerbrechlich wäre, als es schön und kostbar ist.

Am 20. Februar.

Gott segne euch, meine Lieben, geb euch alle die guten Tage, die er mir abzieht!

Ich danke dir, Albert, dass du mich betrogen hast: Ich wartete auf Nachricht, wann euer Hochzeitstag sein würde, und hatte mir vorgenommen, feierlichst an demselben Lottens Schattenriss von der Wand zu nehmen und ihn unter andere Papiere zu begraben. Nun seid ihr ein Paar und ihr Bild ist noch hier! Nun, so soll es bleiben! Und warum nicht? Ich weiß, ich bin ja auch bei euch, bin dir unbeschadet in Lottens Herzen, habe, ja ich habe den zweiten Platz darin und will und muss ihn behalten. O ich würde rasend werden, wenn sie vergessen könnte – Albert, in dem Gedanken liegt eine Hölle. Albert, leb wohl! Leb wohl, Engel des Himmels! Leb wohl, Lotte!

Den 15. März.

Ich habe einen Verdruss gehabt, der mich von hier wegtreiben wird. Ich knirsche mit den Zähnen! Teufel! er ist nicht zu ersetzen und ihr seid doch allein schuld daran, die ihr mich sporntet und triebt und quältet, mich in einen Posten zu begeben, der nicht nach meinem Sinne war. Nun habe ich's! Nun habt ihr's! Und dass du nicht wieder sagst, meine überspannten Ideen verdürben alles, so hast du hier, lieber Herr, eine Erzählung, plan und nett, wie ein Chronikenschreiber das aufzeichnen würde.

Der Graf von C.. liebt mich, distinguiert mich, das ist bekannt, das habe ich dir schon hundertmal gesagt. Nun war ich gestern bei ihm zu Tafel, eben an dem Tage, da abends die noble Gesellschaft von Herren und Frauen bei ihm zusammenkommt, an die ich nie gedacht habe, auch mir nie aufgefallen ist, dass wir Subalternen nicht hineingehören. Gut. Ich speise bei dem Grafen und nach Tische gehn wir in dem großen Saal auf und ab, ich rede mit ihm, mit dem Obristen B.., der dazu kommt, und so rückt die Stunde der Gesellschaft heran. Ich denke, Gott weiß, an nichts. Da tritt herein die übergnädige Dame von S.. mit ihrem Herrn Gemahl und wohl ausgebrüteten Gänslein Tochter mit der flachen Brust und niedlichem Schnürleibe, machen en passant ihre hergebrachten hochadeligen Augen und Naslöcher und wie mir die Nation von Herzen zuwider ist, wollte ich mich eben empfehlen und wartete nur, bis der Graf vom garstigen Gewäsche frei wäre, als meine Fräulein B.. hereintrat. Da mir das Herz immer ein bisschen aufgeht, wenn ich sie sehe, blieb ich eben, stellte mich hinter ihren Stuhl und bemerkte erst nach einiger Zeit, dass sie mit weniger Offenheit als sonst, mit einiger Verlegenheit mit mir redete. Das fiel mir auf. Ist sie auch wie all das Volk, dachte ich, und war angestochen und wollte gehen und doch blieb ich, weil ich sie gerne entschuldigt hätte und es nicht glaubte und noch ein gut Wort von ihr hoffte und – was du willst. Unterdessen füllt sich die Gesellschaft. Der Baron F.. mit der ganzen Garderobe von den Krönungszeiten Franz des Ersten her, der Hofrat R.., hier aber in qualitate Herr von R.. genannt, mit seiner tauben Frau etc., den übel fournierten J.. nicht zu vergessen, der die Lücken seiner altfränkischen Garderobe mit neumodischen Lappen ausflickt, das kommt zuhauf, und ich rede mit einigen meiner Bekanntschaft, die alle sehr lakonisch sind. Ich dachte – und gab nur auf meine B.. Acht. Ich merkte nicht, dass die Weiber am Ende des Saales sich in die Ohren flüsterten, dass es auf die Männer zirkulierte, dass Frau von S.. mit dem Grafen redete (das alles hat mir Fräulein B.. nachher erzählt), bis endlich der Graf auf mich losging und mich in ein Fenster nahm. – „Sie wissen“, sagte er, „unsere wunderbaren Verhältnisse; die Gesellschaft ist unzufrieden, merke ich, Sie hier zu sehn. Ich wollte nicht um alles“ – „Ihro Exzellenz“, fiel ich ein, „ich bitte tausendmal um Verzeihung; ich hätte eher dran denken sollen und ich weiß, Sie vergeben mir diese Inkonsequenz; ich wollte schon vorhin mich empfehlen. Ein böser Genius hat mich zurückgehalten“, setzte ich lächelnd hinzu, indem ich mich neigte. – Der Graf drückte meine Hände mit einer Empfindung, die alles sagte. Ich strich mich sacht aus der vornehmen Gesellschaft, ging, setzte mich in ein Kabriolett und fuhr nach M.., dort vom Hügel die Sonne untergehen zu sehen und dabei in meinem Homer den herrlichen Gesang zu lesen, wie Ulyss von dem trefflichen Schweinhirten bewirtet wird. Das war alles gut.

in qualitate seines Amts wegen

fourniert ausgestattet, versorgt

Inkonsequenz Unstetigkeit, mangelnde Folgerichtigkeit

Kabriolett zweirädriger Einspänner

←

Des Abends komme ich zurück zu Tische, es waren noch wenige in der Gaststube; die würfelten auf einer Ecke, hatten das Tischtuch zurückgeschlagen. Da kommt der ehrliche Adelin hinein, legt seinen Hut nieder, indem er mich ansieht, tritt zu mir und sagt leise: „Du hast Verdruss gehabt?“ – „Ich?“, sagte ich. – „Der Graf hat dich aus der Gesellschaft gewiesen.“ – „Hole sie der Teufel!“, sagt' ich, „mir war's lieb, dass ich in die freie Luft kam.“ – „Gut“, sagte er, „dass du's auf die leichte Achsel nimmst. Nur verdrießt mich's, es ist schon überall herum.“ – Da fing mich das Ding erst an zu wurmen. Alle, die zu Tische kamen und mich ansahen, dachte ich, die sehen dich darum an! Das gab böses Blut.

Und da man nun heute gar, wo ich hintrete, mich bedauert, da ich höre, dass meine Neider nun triumphieren und sagen: Da sähe man's, wo es mit den Übermütigen hinausginge, die sich ihres bisschen Kopfs überhöben und glaubten, sich darum über alle Verhältnisse hinaussetzen zu dürfen, und was des Hundegeschwätzes mehr ist – da möchte man sich ein Messer ins Herz bohren; denn man rede von Selbstständigkeit was man will, den will ich sehen, der dulden kann, dass Schurken über ihn reden, wenn sie einen Vorteil über ihn haben; wenn ihr Geschwätze leer ist, ach, da kann man sie leicht lassen.

Am 16. März.

Es hetzt mich alles. Heut treff ich die Fräulein B.. in der Allee, ich konnte mich nicht enthalten, sie anzureden und ihr, sobald wir etwas entfernt von der Gesellschaft waren, meine Empfindlichkeit über ihr neuliches Betragen zu zeigen. – „O Werther“, sagte sie mit einem innigen Tone, „konnten Sie meine Verwirrung so auslegen, da Sie mein Herz kennen? Was ich gelitten habe um Ihrentwillen, von dem Augenblicke an, da ich in den Saal trat! Ich sah alles voraus, hundertmal saß mir's auf der Zunge, es Ihnen zu sagen. Ich wusste, dass die von S.. und T.. mit ihren Männern eher aufbrechen würden, als in Ihrer Gesellschaft zu bleiben; ich wusste, dass der Graf es mit ihnen nicht verderben darf, – und jetzt der Lärm!“ – „Wie, Fräulein?“, sagte ich und verbarg meinen Schrecken; denn alles, was Adelin mir ehegestern gesagt hatte, lief mir wie siedend Wasser durch die Adern in diesem Augenblicke. – „Was hat mich es schon gekostet!“, sagte das süße Geschöpf, indem ihr die Tränen in den Augen standen. – Ich war nicht Herr mehr von mir selbst, war im Begriffe, mich ihr zu Füßen zu werfen. – „Erklären Sie sich!“, rief ich. – Die Tränen liefen ihr die

Wangen herunter. Ich war außer mir. Sie trocknete sie ab, ohne sie verbergen zu wollen. – „Meine Tante kennen Sie“, fing sie an; „sie war gegenwärtig und hat – o mit was für Augen hat sie das angesehen! Werther, ich habe gestern Nacht ausgestanden und heute früh eine Predigt über meinen Umgang mit Ihnen, und ich habe müssen zuhören Sie herabsetzen, erniedrigen und konnte und durfte Sie nur halb verteidigen.“

Jedes Wort, das sie sprach, ging mir wie ein Schwert durchs Herz. Sie fühlte nicht, welche Barmherzigkeit es gewesen wäre, mir das alles zu verschweigen, und nun fügte sie noch hinzu, was weiter würde geträtscht werden, was eine Art Menschen darüber triumphieren würde. Wie man sich nunmehr über die Strafe meines Übermuts und meiner Geringschätzung anderer, die sie mir schon lange vorwerfen, kitzeln und freuen würde. Das alles, Wilhelm, von ihr zu hören, mit der Stimme der wahrsten Teilnehmung – ich war zerstört und bin noch wütend in mir. Ich wollte, dass sich einer unterstünde, mir's vorzuwerfen, dass ich ihm den Degen durch den Leib stoßen könnte; wenn ich Blut sähe, würde mir es besser werden. Ach, ich hab hundertmal ein Messer ergriffen, um diesem gedrängten Herzen Luft zu machen. Man erzählt von einer edlen Art Pferde, die, wenn sie schrecklich erhitzt und aufgejagt sind, sich selbst aus Instinkt eine Ader aufbeißen, um sich zum Atem zu helfen. So ist mir's oft, ich möchte mir eine Ader öffnen, die mir die ewige Freiheit schaffte.

Am 24. März.

Ich habe meine Entlassung vom Hofe verlangt und werde sie, hoffe ich, erhalten, und ihr werdet mir verzeihen, dass ich nicht erst Erlaubnis dazu bei euch geholt habe. Ich musste nun einmal fort, und was ihr zu sagen hattet, um mir das Bleiben einzureden, weiß ich alles und also – Bringe das meiner Mutter in einem Säftchen bei, ich kann mir selbst nicht helfen, und sie mag sich gefallen lassen, wenn ich ihr auch nicht helfen kann. Freilich muss es ihr wehetun. Den schönen Lauf, den ihr Sohn gerade zum Geheimenrat und Gesandten ansetzte, so auf einem Halte zu sehen und rückwärts mit dem Tierchen in den Stall! Macht nun daraus, was ihr wollt, und kombiniert die möglichen Fälle, unter denen ich hätte bleiben können und sollen; genug, ich gehe, und damit ihr wisst, wo ich hinkomme, so ist hier der Fürst **, der vielen Geschmack an meiner Gesellschaft findet; der hat mich gebeten, da er von meiner Absicht hörte, mit ihm auf seine Güter zu gehen und den schönen Frühling da zuzubringen. Ich soll ganz mir selbst gelassen sein, hat er mir versprochen, und da wir uns zusammen bis auf einen gewissen Punkt verstehn, so will ich es denn auf gut Glück wagen und mit ihm gehen.

Zur Nachricht.

Am 19. April.

Danke für deine beiden Briefe. Ich antwortete nicht, weil ich dieses Blatt liegen ließ, bis mein Abschied vom Hofe da wäre; ich fürchtete, meine Mutter möchte sich an den Minister wenden und mir mein Vorhaben erschweren. Nun aber ist es geschehen, mein Abschied ist da. Ich mag euch nicht sagen, wie ungern man mir ihn gegeben hat und was mir der Minister schreibt: Ihr würdet in neue Lamentationen ausbrechen. Der Erbprinz hat mir zum Abschiede fünfundzwanzig Dukaten geschickt, mit einem Wort, das mich bis zu Tränen gerührt hat; also brauche ich von der Mutter das Geld nicht, um das ich neulich schrieb.

Am 5. Mai.

Morgen gehe ich von hier ab, und weil mein Geburtsort nur sechs Meilen vom Wege liegt, so will ich den auch wieder sehen, will mich der alten, glücklich verträumten Tage erinnern. Zu eben dem Tore will ich hineingehn, aus dem meine Mutter mit mir herausfuhr, als sie nach dem Tode meines Vaters den lieben, vertraulichen Ort verließ, um sich in ihre unerträgliche Stadt einzusperren. Adieu,Wilhelm, du sollst von meinem Zuge hören.

Am 9. Mai.

Ich habe die Wallfahrt nach meiner Heimat mit aller Andacht eines Pilgrims vollendet und manche unerwarteten Gefühle haben mich ergriffen. An der großen Linde, die eine Viertelstunde vor der Stadt nach S.. zu steht, ließ ich halten, stieg aus und hieß den Postillon fortfahren, um zu Fuße jede Erinnerung ganz neu, lebhaft, nach meinem Herzen zu kosten. Da stand ich nun unter der Linde, die ehedem, als Knabe, das Ziel und die Grenze meiner Spaziergänge gewesen. Wie anders! Damals sehnte ich mich in glücklicher Unwissenheit hinaus in die unbekannte Welt, wo ich für mein Herz so viele Nahrung, so vielen Genuss hoffte, meinen strebenden, sehnenden Busen auszufüllen und zu befriedigen. Jetzt komme ich zurück aus der weiten Welt – o mein Freund, mit wie viel fehlgeschlagenen Hoffnungen, mit wie viel zerstörten Plänen! – Ich sah das Gebirge vor mir liegen, das so tausendmal der Gegenstand meiner Wünsche gewesen war. Stundenlang konnt' ich hier sitzen und mich hinüber sehnen, mit inniger Seele mich in den Wäldern, den Tälern verlieren, die sich meinen Augen so freundlich dämmernd darstellten; und wenn ich dann um die bestimmte Zeit wieder zurück musste, mit welchem Widerwillen verließ ich nicht den lieben Platz! – Ich kam der Stadt näher, alle die alten, bekannten Gartenhäuschen wurden von mir gegrüßt, die neuen waren mir zuwider, so auch alle Veränderungen, die man sonst vorgenommen hatte. Ich trat zum Tor hinein und fand mich doch gleich und ganz wieder. Lieber, ich mag nicht ins Detail gehn; so reizend, als es mir war, so einförmig würde es in der Erzählung werden. Ich hatte beschlossen, auf dem Markte zu wohnen, gleich neben unserem alten Hause. Im Hingehen bemerkte ich, dass die Schulstube, wo ein ehrliches altes Weib unsere Kindheit zusammengepfercht hatte, in einen Kramladen verwandelt war. Ich erinnerte mich der Unruhe, der Tränen, der Dumpfheit des Sinnes, der Herzensangst, die ich in dem Loche ausgestanden hatte. – Ich tat keinen Schritt, der nicht merkwürdig war. Ein Pilger im heiligen Lande trifft nicht so viele Stätten religiöser Erinnerungen an und seine Seele ist schwerlich so voll heiliger Bewegung. – Noch eins für tausend. Ich ging den Fluss hinab, bis an einen gewissen Hof; das war sonst auch mein Weg, und die Plätzchen, wo wir Knaben uns übten, die meisten Sprünge der flachen Steine im Wasser hervorzubringen. Ich erinnerte mich so lebhaft, wenn ich manchmal stand und dem Wasser nachsah, mit wie wunderbaren Ahnungen ich es verfolgte, wie abenteuerlich ich mir die Gegenden vorstellte, wo es nun hinflösse, und wie ich da so bald Grenzen meiner Vorstellungskraft fand; und doch musste das weitergehen, immer weiter, bis ich mich ganz in dem Anschauen einer unsichtbaren Ferne verlor. – Sieh, mein Lieber, so beschränkt und so glücklich waren die herrlichen Altväter! so kindlich ihr Gefühl, ihre Dichtung! Wenn Ulyss von dem ungemessnen Meer und von der unendlichen Erde spricht, das ist so wahr, menschlich, innig, eng und geheimnisvoll. Was hilft mich's, dass ich jetzt mit jedem Schulknaben nachsagen kann, dass sie rund sei? Der Mensch braucht nur wenige Erdschollen, um drauf zu genießen, weniger, um drunter zu ruhen.

was hilft mich's formelhafte Wendung mit Akkusativ

Nun bin ich hier, auf dem fürstlichen Jagdschloss. Es lässt sich noch ganz wohl mit dem Herrn leben, er ist wahr und einfach. Wunderliche Menschen sind um ihn herum, die ich gar nicht begreife. Sie scheinen keine Schelmen und haben doch auch nicht das Ansehen von ehrlichen Leuten. Manchmal kommen sie mir ehrlich vor und ich kann ihnen doch nicht trauen. Was mir noch Leid tut, ist, dass er oft von Sachen redet, die er nur gehört und gelesen hat, und zwar aus eben dem Gesichtspunkte, wie sie ihm der andere vorstellen mochte.

Auch schätzt er meinen Verstand und meine Talente mehr als dies Herz, das doch mein einziger Stolz ist, das ganz allein die Quelle von allem ist, aller Kraft, aller Seligkeit und alles Elendes. Ach, was ich weiß, kann jeder wissen – mein Herz habe ich allein.

Am 25. Mai.

Ich hatte etwas im Kopfe, davon ich euch nichts sagen wollte, bis es ausgeführt wäre: jetzt, da nichts draus wird, ist es ebenso gut. Ich wollte in den Krieg; das hat mir lange am Herzen gelegen. Vornehmlich darum bin ich dem Fürsten hierher gefolgt, der General in ***schen Diensten ist. Auf einem Spaziergang entdeckte ich ihm mein Vorhaben; er widerriet mir es, und es müsste bei mir mehr Leidenschaft als Grille gewesen sein, wenn ich seinen Gründen nicht hätte Gehör geben wollen.

Am 11. Junius.

Sage, was du willst, ich kann nicht länger bleiben. Was soll ich hier? Die Zeit wird mir lang. Der Fürst hält mich, so gut man nur kann, und doch bin ich nicht in meiner Lage. Wir haben im Grunde nichts gemein miteinander. Er ist ein Mann von Verstande, aber von ganz gemeinem Verstande; sein Umgang unterhält mich nicht mehr, als wenn ich ein wohl geschriebenes Buch lese. Noch acht Tage bleibe ich und dann ziehe ich wieder in der Irre herum. Das Beste, was ich hier getan habe, ist mein Zeichnen. Der Fürst fühlt in der Kunst und würde noch stärker fühlen, wenn er nicht durch das garstige wissenschaftliche Wesen und durch die gewöhnliche Terminologie eingeschränkt wäre. Manchmal knirsche ich mit den Zähnen, wenn ich ihn mit warmer Imagination an Natur und Kunst herumführe und er es auf einmal recht gut zu machen denkt, wenn er mit einem gestempelten Kunstworte dreinstolpert.

Lage
so viel wie gemäße Umgebung

Am 16. Junius.

Ja, wohl bin ich nur ein Wandrer, ein Waller auf der Erde! Seid ihr denn mehr?

Am 18. Junius.

Wo ich hin will? Das lass dir im Vertrauen eröffnen. Vierzehn Tage muss ich doch noch hier bleiben, und dann habe ich mir weisgemacht, dass ich die Bergwerke im **schen besuchen wollte; ist aber im Grunde nichts dran, ich will nur Lotten wieder näher, das ist alles. Und ich lache über mein eignes Herz – und tu ihm seinen Willen.

Am 29. Julius.

Nein, es ist gut! es ist alles gut! – Ich – ihr Mann! O Gott, der du mich machtest, wenn du mir diese Seligkeit bereitet hättest, mein ganzes Leben sollte ein anhaltendes Gebet sein. Ich will nicht rechten, und verzeihe mir diese Tränen, verzeihe mir meine vergeblichen Wünsche! – Sie meine Frau! Wenn ich das liebste Geschöpf unter der Sonne in meine Arme geschlossen hätte – Es geht mir ein Schauder durch den ganzen Körper, Wilhelm, wenn Albert sie um den schlanken Leib fasst.

Und, darf ich es sagen? Warum nicht, Wilhelm? Sie wäre mit mir glücklicher geworden als mit ihm! Oh, er ist nicht der Mensch, die Wünsche dieses Herzens alle zu füllen. Ein gewisser Mangel an Fühlbarkeit, ein Mangel – nimm es, wie du willst; dass sein Herz nicht sympathetisch schlägt bei – oh! – bei der Stelle eines lieben Buches, wo mein Herz und Lottens in *einem* zusammentreffen; in hundert andern Vorfällen, wenn es kommt, dass unsere Empfindungen über eine Handlung eines Dritten laut werden. Lieber Wilhelm! – Zwar er liebt sie von ganzer Seele, und so eine Liebe, was verdient die nicht! –

Ein unerträglicher Mensch hat mich unterbrochen. Meine Tränen sind getrocknet. Ich bin zerstreut. Adieu, Lieber!

Am 4. August.

Es geht mir nicht allein so. Alle Menschen werden in ihren Hoffnungen getäuscht, in ihren Erwartungen betrogen. Ich besuchte mein gutes Weib unter der Linde. Der älteste Junge lief mir entgegen, sein Freudengeschrei führte die Mutter herbei, die sehr niedergeschlagen aussah. Ihr erstes Wort war: „Guter Herr, ach, mein Hans ist mir gestorben!“ – Es war der jüngste ihrer Knaben. Ich war stille. – „Und mein Mann“, sagte sie, „ist aus der Schweiz zurück und hat nichts mitgebracht und ohne gute Leute hätte er sich heraus betteln müssen, er hatte das Fieber unterwegs gekriegt.“ – Ich konnte ihr nichts sagen und schenkte dem Kleinen was, sie bat mich, einige Äpfel anzunehmen, das ich tat und den Ort des traurigen Andenkens verließ.

Am 21. August.

Wie man eine Hand umwendet, ist es anders mit mir. Manchmal will wohl ein freudiger Blick des Lebens wieder aufdämmern, ach! nur für einen Augenblick! – Wenn ich mich so in Träumen verliere, kann ich mich des Gedankens nicht erwehren: Wie, wenn Albert stürbe? Du würdest! ja, sie würde – und dann laufe ich dem Hirngespinste nach, bis es mich an Abgründe führet, vor denen ich zurückbebe.

Wenn ich zum Tor hinausgehe, den Weg, den ich zum ersten Mal fuhr, Lotten zum Tanze zu holen, wie war das so ganz anders! Alles, alles ist vorübergegangen! Kein Wink der vorigen Welt, kein Pulsschlag meines damaligen Gefühles. Mir ist es, wie es einem Geiste sein müsste, der in das ausgebrannte, zerstörte Schloss zurückkehrte, das er als blühender Fürst einst gebaut und mit allen Gaben der Herrlichkeit ausgestattet, sterbend seinem geliebten Sohne hoffnungsvoll hinterlassen hätte.

Am 3. September.

Ich begreife manchmal nicht, wie sie ein anderer lieb haben *kann*, lieb haben *darf*, da ich sie so ganz allein, so innig, so voll liebe, nichts anders kenne, noch weiß, noch habe als sie!

Am 4. September.

Ja, es ist so. Wie die Natur sich zum Herbste neigt, wird es Herbst in mir und um mich her. Meine Blätter werden gelb und schon sind die Blätter der benachbarten Bäume abgefallen. Hab ich dir nicht einmal von einem Bauerburschen geschrieben, gleich da ich herkam? Jetzt erkundigte ich mich wieder nach ihm in Wahlheim; es hieß, er sei aus dem Dienste gejagt worden und niemand wollte was weiter von ihm wissen. Gestern traf ich ihn von ungefähr auf dem Wege nach einem andern Dorfe, ich redete ihn an und er erzählte mir seine Geschichte, die mich doppelt und dreifach gerührt hat, wie du leicht begreifen wirst, wenn ich dir sie wiedererzähle. Doch wozu das alles? warum behalt ich nicht für mich, was mich ängstigt und kränkt? warum betrüb ich noch dich? warum geb ich dir immer Gelegenheit, mich zu bedauern und mich zu schelten? Sei's denn, auch das mag zu meinem Schicksal gehören!

kränken im wörtlichen Sinne: krank machen

Mit einer stillen Traurigkeit, in der ich ein wenig scheues Wesen zu bemerken schien, antwortete der Mensch mir erst auf meine Fragen; aber gar bald offner, als wenn er sich und mich auf einmal wieder erkennte, gestand er mir seine Fehler, klagte er mir sein Unglück. Könnt ich dir, mein Freund, jedes seiner Worte vor Gericht stellen! Er bekannte, ja er erzählte mit einer Art von Genuss und Glück der Wiedererinnerung, dass die Leidenschaft zu seiner Hausfrau sich in ihm tagtäglich vermehrt, dass er zuletzt nicht gewusst habe, was er tue, nicht, wie er sich ausdrückte, wo er mit dem Kopfe hingesollt. Er habe weder essen noch trinken noch schlafen können, es habe ihm an der Kehle gestockt, er habe getan, was er nicht tun sollen; was ihm aufgetragen worden, hab er vergessen, er sei als wie von einem bösen Geist verfolgt gewesen, bis er eines Tags, als er sie in einer obern Kammer gewusst, ihr nachgegangen, ja vielmehr ihr nachgezogen worden sei; da sie seinen Bitten kein Gehör gegeben, hab er sich ihrer mit Gewalt bemächtigen wollen; er wisse nicht, wie ihm geschehen sei, und nehme Gott zum Zeugen, dass seine Absichten gegen sie immer redlich gewesen und dass er nichts sehnlicher gewünscht, als dass sie ihn heiraten, dass sie mit ihm ihr Leben zubringen möchte. Da er eine Zeit lang geredet hatte, fing er an zu stocken,wie einer, der noch etwas zu sagen hat und sich es nicht herauszusagen getraut; endlich gestand er mir auch mit Schüchternheit, was sie ihm für kleine Vertraulichkeiten erlaubt und welche Nähe sie ihm vergönnet. Er brach zwei-, dreimal ab und wiederholte die lebhaftesten Protestationen, dass er das nicht sage, um sie schlecht zu machen, wie er sich ausdrückte, dass er sie liebe und schätze wie vorher, dass so etwas nicht über seinen Mund gekommen sei und dass er es mir nur sage, um mich zu überzeugen, dass er kein ganz verkehrter und unsinniger Mensch sei. – Und hier, mein Bester, fang ich mein altes Lied wieder an, das ich ewig anstimmen werde: Könnt ich dir den Menschen vorstellen, wie er vor mir stand, wie er noch vor mir steht! Könnt ich dir alles recht sagen, damit du fühltest, wie ich an seinem Schicksale teilnehme, teilnehmen muss! Doch genug, da du auch mein Schicksal kennst, auch mich kennst, so weißt du nur zu wohl, was mich zu allen Unglücklichen, was mich besonders zu diesem Unglücklichen hinzieht.

Da ich das Blatt wieder durchlese, seh ich, dass ich das Ende der Geschichte zu erzählen vergessen habe, das sich aber leicht hinzudenken lässt. Sie erwehrte sich sein; ihr Bruder kam dazu, der ihn schon lange gehasst, der ihn schon lange aus dem Hause gewünscht hatte, weil er fürchtet, durch eine neue Heirat der Schwester werde seinen Kindern die Erbschaft entgehn, die ihnen jetzt, da sie kinderlos ist, schöne Hoffnungen gibt; dieser habe ihn gleich zum Hause hinausgestoßen und einen solchen Lärm von der Sache gemacht, dass die Frau, auch selbst wenn sie gewollt, ihn nicht wieder hätte aufnehmen können. Jetzt habe sie wieder einen andern Knecht genommen, auch über den, sage man, sei sie mit dem Bruder zerfallen, und man behaupte für gewiss, sie werde ihn heiraten, aber er sei fest entschlossen, das nicht zu erleben.

Was ich dir erzähle, ist nicht übertrieben, nichts verzärtelt, ja ich darf wohl sagen, schwach, schwach hab ich's erzählt und vergröbert hab ich's, indem ich's mit unsern hergebrachten sittlichen Worten vorgetragen habe.

Diese Liebe, diese Treue, diese Leidenschaft ist also keine dichterische Erfindung. Sie lebt, sie ist in ihrer größten Reinheit unter der Klasse von Menschen, die wir ungebildet, die wir roh nennen. Wir Gebildeten – zu nichts Verbildeten! Lies die Geschichte mit Andacht, ich bitte dich. Ich bin heute still, indem ich das hinschreibe; du siehst an meiner Hand, dass ich nicht so strudele und sudele wie sonst. Lies, mein Geliebter, und denke dabei, dass es auch die Geschichte deines Freundes ist. Ja, so ist mir's gegangen, so wird mir's gehn, und ich bin nicht halb so brav, nicht halb so entschlossen als der arme Unglückliche, mit dem ich mich zu vergleichen mich fast nicht getraue.

Am 5. September.

Sie hatte ein Zettelchen an ihren Mann aufs Land geschrieben, wo er sich Geschäfte wegen aufhielt. Es fing an: „Bester, Liebster, komme, sobald du kannst, ich erwarte dich mit tausend Freuden.“ – Ein Freund, der hereinkam, brachte Nachricht, dass er wegen gewisser Umstände so bald noch nicht zurückkehren würde. Das Billett blieb liegen und fiel mir abends in die Hände. Ich las es und lächelte; sie fragte worüber? – „Was die Einbildungskraft für ein göttliches Geschenk ist“, rief ich aus, „ich konnte mir einen Augenblick vorspiegeln, als wäre es an mich geschrieben.“ – Sie brach ab, es schien ihr zu missfallen und ich schwieg.

Am 6. September.

Es hat schwer gehalten, bis ich mich entschloss, meinen blauen einfachen Frack, in dem ich mit Lotten zum ersten Male tanzte, abzulegen, er ward aber zuletzt gar unscheinbar. Auch habe ich mir einen machen lassen ganz wie den vorigen, Kragen und Aufschlag und auch wieder so gelbe Weste und Beinkleider dazu.

Ganz will es doch die Wirkung nicht tun. Ich weiß nicht – Ich denke, mit der Zeit soll mir der auch lieber werden.

Am 12. September.

Sie war einige Tage verreist, Alberten abzuholen. Heute trat ich in ihre Stube, sie kam mir entgegen und ich küsste ihre Hand mit tausend Freuden.

Ein Kanarienvogel flog von dem Spiegel ihr auf die Schulter. – „Einen neuen Freund“, sagte sie und lockte ihn auf ihre Hand, „er ist meinen Kleinen zugedacht. Er tut gar zu lieb! Sehen Sie ihn! Wenn ich ihm Brot gebe, flattert er mit den Flügeln und pickt so artig. Er küsst mich auch, sehen Sie!“

Als sie dem Tierchen den Mund hinhielt, drückte es sich so lieblich in die süßen Lippen, als wenn es die Seligkeit hätte fühlen können, die es genoss.

„Er soll Sie auch küssen“, sagte sie und reichte den Vogel herüber. – Das Schnäbelchen machte den Weg von ihrem Munde zu dem meinigen, und die pickende Berührung war wie ein Hauch, eine Ahnung liebevollen Genusses.

„Sein Kuss“, sagte ich, „ist nicht ganz ohne Begierde, er sucht

Nahrung und kehrt unbefriedigt von der leeren Liebkosung zurück."

„Er isst mir auch aus dem Munde", sagte sie. – Sie reichte ihm einige Brosamen mit ihren Lippen, aus denen die Freuden unschuldig teilnehmender Liebe in aller Wonne lächelten.

Ich kehrte das Gesicht weg. Sie sollte es nicht tun, sollte nicht meine Einbildungskraft mit diesen Bildern himmlischer Unschuld und Seligkeit reizen und mein Herz aus dem Schlafe, in den es manchmal die Gleichgültigkeit des Lebens wiegt, nicht wecken! – Und warum nicht? – Sie traut mir so! sie weiß, wie ich sie liebe!

Am 15. September.

Man möchte rasend werden, Wilhelm, dass es Menschen geben soll ohne Sinn und Gefühl an dem wenigen, was auf Erden noch einen Wert hat. Du kennst die Nussbäume, unter denen ich bei dem ehrlichen Pfarrer zu St.. mit Lotten gesessen, die herrlichen Nussbäume, die mich, Gott weiß, immer mit dem größten Seelenvergnügen füllten! Wie vertraulich sie den Pfarrhof machten, wie kühl! und wie herrlich die Äste waren! Und die Erinnerung bis zu den ehrlichen Geistlichen, die sie vor so vielen Jahren pflanzten. Der Schulmeister hat uns den einen Namen oft genannt, den er von seinem Großvater gehört hatte; und so ein braver Mann soll er gewesen sein und sein Andenken war mir immer heilig unter den Bäumen. Ich sage dir, dem Schulmeister standen die Tränen in den Augen, da wir gestern davon redeten, dass sie abgehauen worden – abgehauen! Ich möchte toll werden, ich könnte den Hund ermorden, der den ersten Hieb dran tat. Ich, der ich mich vertrauern könnte, wenn so ein paar Bäume in meinem Hofe stünden und einer davon stürbe vor Alter ab, ich muss zusehen. Lieber Schatz, eins ist doch dabei: Was Menschengefühl ist! Das ganze Dorf murrt, und ich hoffe, die Frau Pfarrerin soll es an Butter und Eiern und übrigem Zutrauen spüren, was für eine Wunde sie ihrem Orte gegeben hat. Denn *sie* ist es, die Frau des neuen Pfarrers (unser alter ist auch gestorben), ein hageres kränkliches Geschöpf, das sehr Ursache hat, an der Welt keinen Anteil zu nehmen, denn niemand nimmt Anteil an ihr. Eine Närrin, die sich abgibt, gelehrt zu sein, sich in die Untersuchung des Kanons meliert, gar viel an der neumodischen, moralisch kritischen Reformation des Christentumes arbeitet und über Lavaters Schwärmereien die Achseln zuckt, eine ganz zerrüttete Gesundheit hat und deswegen auf

Kanon die biblischen Bücher

meliert gemischt, gesprenkelt, hier: eingemischt hat

→

Gottes Erdboden keine Freude. So einer Kreatur war es auch allein möglich, meine Nussbäume abzuhauen. Siehst du, ich komme nicht zu mir! Stelle dir vor: Die abfallenden Blätter machen ihr den Hof unrein und dumpfig, die Bäume nehmen ihr das Tageslicht und wenn die Nüsse reif sind, so werfen die Knaben mit Steinen darnach, und das fällt ihr auf die Nerven, das stört sie in ihren tiefen Überlegungen, wenn sie Kennikot, Semler und Michaelis gegeneinander abwiegt. Da ich die Leute im Dorfe, besonders die alten, so unzufrieden sah, sagte ich: „Warum habt ihr es gelitten?" – „Wenn der Schulze will, hier zu Lande", sagten sie, „was kann man machen?" – Aber eins ist recht geschehen. Der Schulze und der Pfarrer, der doch auch von seiner Frauen Grillen, die ihm ohnedies die Suppen nicht fett machen, was haben wollte, dachten es miteinander zu teilen; da erfuhr es die Kammer und sagte: „Hier herein!" Denn sie hatte noch alte Prätensionen an den Teil des Pfarrhofes, wo die Bäume standen, und verkaufte sie an den Meistbietenden. Sie liegen! Oh, wenn ich Fürst wäre! Ich wollte die Pfarrerin, den Schulzen und die Kammer – Fürst! – Ja wenn ich Fürst wäre, was kümmerten mich die Bäume in meinem Lande!

Kammer Domänenverwaltung

Prätension Anspruch

Am 10. Oktober.

Wenn ich nur ihre schwarzen Augen sehe, ist mir es schon wohl! Sieh, und was mich verdrießt, ist, dass Albert nicht so beglückt zu sein scheinet, als er – hoffte – als ich – zu sein glaubte – wenn – Ich mache nicht gern Gedankenstriche, aber hier kann ich mich nicht anders ausdrücken – und mich dünkt deutlich genug.

Am 12. Oktober.

Ossian hat in meinem Herzen den Homer verdrängt. Welch eine Welt, in die der Herrliche mich führt! Zu wandern über die Heide, umsaust vom Sturmwinde, der in dampfenden Nebeln die Geister der Väter im dämmernden Lichte des Mondes hinführt. Zu hören vom Gebirge her, im Gebrülle des Waldstroms, halb verwehtes Ächzen der Geister aus ihren Höhlen und die Wehklagen des zu Tode sich jammernden Mädchens, um die vier moosbedeckten, grasbewachsenen Steine des Edelgefallnen, ihres Geliebten. Wenn ich ihn dann finde, den wandelnden grauen Barden, der auf der weiten Heide die Fußstapfen seiner Väter sucht und, ach, ihre Grabsteine findet und dann jammernd nach dem lieben

Sterne des Abends hinblickt, der sich ins rollende Meer verbirgt, und die Zeiten der Vergangenheit in des Helden Seele lebendig werden, da noch der freundliche Strahl den Gefahren der Tapferen leuchtete und der Mond ihr bekränztes, siegrückkehrendes Schiff beschien. Wenn ich den tiefen Kummer auf seiner Stirn lese, den letzten verlassenen Herrlichen in aller Ermattung dem Grabe zuwanken sehe, wie er immer neue, schmerzlich glühende Freuden in der kraftlosen Gegenwart der Schatten seiner Abgeschiedenen einsaugt und nach der kalten Erde, dem hohen wehenden Grase niedersieht und ausruft: „Der Wanderer wird kommen, kommen, der mich kannte in meiner Schönheit, und fragen: ‚Wo ist der Sänger, Fingals trefflicher Sohn?‘ Sein Fußtritt geht über mein Grab hin und er fragt vergebens nach mir auf der Erde.“ – O Freund! ich möchte gleich einem edlen Waffenträger das Schwert ziehen, meinen Fürsten von der zückenden Qual des langsam absterbenden Lebens auf einmal befreien und dem befreiten Halbgott meine Seele nachsenden.

Wanderer...
Zitat aus Ossian

Am 19. Oktober.

Ach diese Lücke! diese entsetzliche Lücke, die ich hier in meinem Busen fühle! – Ich denke oft, wenn du sie nur *ein Mal*, nur *ein* Mal an dieses Herz drücken könntest, diese ganze Lücke würde ausgefüllt sein.

Am 26. Oktober.

Ja, es wird mir gewiss, Lieber, gewiss und immer gewisser, dass an dem Dasein eines Geschöpfes wenig gelegen ist, ganz wenig. Es kam eine Freundin zu Lotten, und ich ging herein ins Nebenzimmer, ein Buch zu nehmen, und konnte nicht lesen und dann nahm ich eine Feder zu schreiben. Ich hörte sie leise reden; sie erzählten einander unbedeutende Sachen, Stadtneuigkeiten: Wie diese heiratet, wie jene krank, sehr krank ist. – „Sie hat einen trocknen Husten, die Knochen stehn ihr zum Gesichte heraus, und kriegt Ohnmachten; ich gebe keinen Kreuzer für ihr Leben“, sagte die eine. – „Der N. N. ist auch so übel dran“, sagte Lotte. – „Er ist schon geschwollen“, sagte die andere. – Und meine lebhafte Einbildungskraft versetzte mich ans Bett dieser Armen; ich sah sie, mit welchem Widerwillen sie dem Leben den Rücken wandten, wie sie – Wilhelm! und meine Weibchen redeten davon, wie man eben davon redet – dass ein Fremder stirbt. – Und wenn ich mich umsehe und sehe das Zimmer an und rings um mich Lottens Kleider und Alberts Skripturen und diese Möbeln, denen ich nun so befreundet bin, sogar diesem Dintenfass, und denke: Siehe, was du nun diesem Hause bist! Alles in allem. Deine Freunde ehren dich! Du machst oft ihre Freude, und deinem Herzen scheint es, als wenn es ohne sie nicht sein könnte; und doch – wenn du nun gingst, wenn du aus diesem Kreise schiedest? würden sie, wie lange würden sie die Lücke fühlen, die dein Verlust in ihr Schicksal reißt? wie lange? – Oh, so vergänglich ist der Mensch, dass er auch da, wo er seines Daseins eigentliche Gewissheit hat, da, wo er den einzigen wahren Eindruck seiner Gegenwart macht, in dem Andenken, in der Seele seiner Lieben, dass er auch da verlöschen, verschwinden muss und das so bald!

Am 27. Oktober.

Ich möchte mir oft die Brust zerreißen und das Gehirn einstoßen, dass man einander so wenig sein kann. Ach die Liebe, Freude, Wärme und Wonne, die ich nicht hinzubringe, wird mir der andere nicht geben, und mit einem ganzen Herzen voll Seligkeit werde ich den andern nicht beglücken, der kalt und kraftlos vor mir steht.

Am 27. Oktober abends.

Ich habe so viel und die Empfindung an ihr verschlingt alles; ich habe so viel und ohne sie wird mir alles zu nichts.

Am 30. Oktober.

Wenn ich nicht schon hundertmal auf dem Punkte gestanden bin, ihr um den Hals zu fallen! Weiß der große Gott, wie einem das tut, so viele Liebenswürdigkeit vor einem herumkreuzen zu sehen und nicht zugreifen zu dürfen; und das Zugreifen ist doch der natürlichste Trieb der Menschheit. Greifen die Kinder nicht nach allem, was ihnen in den Sinn fällt? – Und ich?

Am 3. November.

Weiß Gott! ich lege mich so oft zu Bette mit dem Wunsche, ja manchmal mit der Hoffnung, nicht wieder zu erwachen: Und morgens schlage ich die Augen auf, sehe die Sonne wieder und bin elend. O dass ich launisch sein könnte, könnte die Schuld aufs Wetter, auf einen Dritten, auf eine fehlgeschlagene Unternehmung schieben, so würde die unerträgliche Last des Unwillens doch nur halb auf mir ruhen. Wehe mir! ich fühle zu wahr, dass an mir allein alle Schuld liegt – nicht Schuld! Genug, dass in mir die Quelle alles Elendes verborgen ist, wie ehemals die Quelle aller Seligkeiten. Bin ich nicht noch eben derselbe, der ehemals in aller Fülle der Empfindung herumschwebte, dem auf jedem Tritte ein Paradies folgte, der ein Herz hatte, eine ganze Welt liebevoll zu umfassen? Und dies Herz ist jetzt tot, aus ihm fließen keine Entzückungen mehr, meine Augen sind trocken und meine Sinne, die nicht mehr von erquickenden Tränen gelabt werden, ziehen ängstlich meine Stirn zusammen. Ich leide viel; denn ich habe verloren, was meines Lebens einzige Wonne war, die heilige belebende Kraft, mit der ich Welten um mich schuf; sie ist dahin! – Wenn ich zu meinem Fenster hinaus an den fernen Hügel sehe, wie die Morgensonne über ihn her den Nebel durchbricht und den stillen Wiesengrund bescheint und der sanfte Fluss zwischen seinen entblätterten Weiden zu mir herüberschlängelt, – oh! wenn da diese herrliche Natur so starr vor mir steht wie ein lackiertes Bildchen und alle die Wonne keinen Tropfen Seligkeit aus meinem Herzen herauf in das Gehirn pumpen kann und der ganze Kerl vor Gottes Angesicht steht wie ein versiegter Brunnen, wie ein verlechter Eimer. Ich habe mich oft auf den Boden geworfen und Gott um Tränen gebeten, wie ein Ackersmann um Regen, wenn der Himmel ehern über ihm ist und um ihn die Erde verdürstet.

verlecht rissig (vgl. leck)

Aber ach, ich fühle es, Gott gibt Regen und Sonnenschein nicht unserm ungestümen Bitten, und jene Zeiten, deren Andenken mich quält, warum waren sie so selig, als weil ich mit Geduld seinen Geist erwartete und die Wonne, die er über mich ausgoss, mit ganzem, innig dankbarem Herzen aufnahm!

Am 8. November.

Sie hat mir meine Exzesse vorgeworfen! Ach, mit so viel Liebenswürdigkeit! Meine Exzesse, dass ich mich manchmal von einem

Glase Wein verleiten lasse, eine Bouteille zu trinken. – „Tun Sie es nicht“, sagte sie, „denken Sie an Lotten!“ – „Denken!“, sagte ich. „Brauchen Sie mir das zu heißen? Ich denke! – ich denke nicht! Sie sind immer vor meiner Seele. Heute saß ich an dem Flecke, wo Sie neulich aus der Kutsche stiegen …“ – Sie redete was anders, um mich nicht tiefer in den Text kommen zu lassen. Bester, ich bin dahin! Sie kann mit mir machen, was sie will.

Am 15. November.

Ich danke dir, Wilhelm, für deinen herzlichen Anteil, für deinen wohlmeinenden Rat und bitte dich, ruhig zu sein. Lass mich ausdulden, ich habe bei aller meiner Müdseligkeit noch Kraft genug durchzusetzen. Ich ehre die Religion, das weißt du, ich fühle, dass sie manchem Ermatteten Stab, manchem Verschmachtenden Erquickung ist. Nur – kann sie denn, muss sie denn das einem jeden sein? Wenn du die große Welt ansiehst, so siehst du Tausende, denen sie es nicht war, Tausende, denen sie es nicht sein wird, gepredigt oder ungepredigt, und muss sie mir es denn sein? Sagt nicht selbst der Sohn Gottes, dass die um ihn sein würden, die ihm der Vater gegeben hat? Wenn ich ihm nun nicht gegeben bin? Wenn mich nun der Vater für sich behalten will, wie mir mein Herz sagt? – Ich bitte dich, lege das nicht falsch aus; sieh nicht etwa Spott in diesen unschuldigen Worten; es ist meine ganze Seele, die ich dir vorlege; sonst wollte ich lieber, ich hätte geschwiegen: Wie ich denn über alles das, wovon jedermann so wenig weiß als ich, nicht gern ein Wort verliere. Was ist es anders als Menschenschicksal, sein Maß auszuleiden, seinen Becher auszutrinken? – Und ward der Kelch dem Gott vom Himmel auf seiner Menschenlippe zu bitter, warum soll ich groß tun und mich stellen, als schmeckte er mir süß? Und warum sollte ich mich schämen, in dem schrecklichen Augenblick, da mein ganzes Wesen zwischen Sein und Nichtsein zittert, da die Vergangenheit wie ein Blitz über dem finstern Abgrunde der Zukunft leuchtet und alles um mich her versinkt und mit mir die Welt untergeht? Ist es da nicht die Stimme der ganz in sich gedrängten, sich selbst ermangelnden und unaufhaltsam hinabstürzenden Kreatur, in den innern Tiefen ihrer vergebens aufarbeitenden Kräfte zu knirschen: „Mein Gott! mein Gott! warum hast du mich verlassen?“ Und sollt ich mich des Ausdruckes schämen, sollte mir es vor dem Augenblicke bange sein, da ihm der nicht entging, der die Himmel zusammenrollt wie ein Tuch?

Himmel zusammenrollt … vgl. Psalm 104, 2

Am 21. November.

Sie sieht nicht, sie fühlt nicht, dass sie ein Gift bereitet, das mich und sie zugrunde richten wird; und ich mit voller Wollust schlürfe den Becher aus, den sie mir zu meinem Verderben reicht. Was soll der gütige Blick, mit dem sie mich oft – oft? – nein, nicht oft, aber doch manchmal ansieht, die Gefälligkeit, womit sie einen unwillkürlichen Ausdruck meines Gefühles aufnimmt, das Mitleiden mit meiner Duldung, das sich auf ihrer Stirne zeichnet?

Gestern, als ich wegging, reichte sie mir die Hand und sagte: „Adieu, lieber Werther!" – Lieber Werther! Es war das erste Mal, dass sie mich Lieber hieß, und es ging mir durch Mark und Bein. Ich habe es mir hundertmal wiederholt und gestern Nacht, da ich zu Bette gehen wollte und mit mir selbst allerlei schwatzte, sagte ich so auf einmal: „Gute Nacht, lieber Werther!", und musste hernach selbst über mich lachen.

Am 22. November.

Ich kann nicht beten: „Lass mir sie!", und doch kommt sie mir oft als die Meine vor. Ich kann nicht beten: „Gib mir sie!" Denn sie ist eines andern. Ich witzle mich mit meinen Schmerzen herum; wenn ich mir's nachließe, es gäbe eine ganze Litanei von Antithesen.

Am 24. November.

Sie fühlt, was ich dulde. Heute ist mir ihr Blick tief durchs Herz gedrungen. Ich fand sie allein; ich sagte nichts und sie sah mich an. Und ich sah nicht mehr in ihr die liebliche Schönheit, nicht mehr das Leuchten des trefflichen Geistes, das war alles vor meinen Augen verschwunden. Ein weit herrlicherer Blick wirkte auf mich, voll Ausdruck des innigsten Anteils, des süßesten Mitleidens. Warum durft' ich mich nicht ihr zu Füßen werfen? Warum durft' ich nicht an ihrem Halse mit tausend Küssen antworten? Sie nahm ihre Zuflucht zum Klavier und hauchte mit süßer, leiser Stimme harmonische Laute zu ihrem Spiele. Nie habe ich ihre Lippen so reizend gesehn; es war, als wenn sie sich lechzend öffneten, jene süßen Töne in sich zu schlürfen, die aus dem Instrument hervorquollen, und nur der heimliche Widerschall aus dem reinen Munde zurückklänge. – Ja wenn ich dir das so sagen könnte! – Ich widerstand nicht länger, neigte mich und schwur: Nie will ich es wagen, einen Kuss euch aufzudrücken, Lippen, auf denen die Geister des Himmels schweben – Und doch – ich will – Ha! siehst du, das steht wie eine Scheidewand vor meiner Seele – diese Seligkeit – und dann untergegangen, diese Sünde abzubüßen – Sünde?

Am 26. November.

Manchmal sag ich mir: Dein Schicksal ist einzig; preise die Übrigen glücklich – so ist noch keiner gequält worden. – Dann lese ich einen Dichter der Vorzeit, und es ist mir, als säh ich in mein eignes Herz. Ich habe so viel auszustehen! Ach, sind denn Menschen vor mir schon so elend gewesen?

Am 30. November.

Ich soll, ich soll nicht zu mir selbst kommen! Wo ich hintrete, begegnet mir eine Erscheinung, die mich aus aller Fassung bringt. Heute! o Schicksal! o Menschheit!

Ich gehe an dem Wasser hin in der Mittagsstunde, ich hatte keine Lust zu essen. Alles war öde, ein nasskalter Abendwind blies vom Berge und die grauen Regenwolken zogen das Tal hinein. Von fern seh ich einen Menschen in einem grünen, schlechten Rocke, der zwischen den Felsen herumkrabbelte und Kräuter zu suchen schien. Als ich näher zu ihm kam und er sich auf das Geräusch, das ich machte, herumdrehte, sah ich eine gar interessante Physiognomie, darin eine stille Trauer den Hauptzug machte, die aber sonst nichts als einen geraden guten Sinn ausdrückte; seine schwarzen Haare waren mit Nadeln in zwei Rollen gesteckt und die übrigen in einen starken Zopf geflochten, der ihm den Rücken herunterhing. Da mir seine Kleidung einen Menschen von geringem Stande zu bezeichnen schien, glaubte ich, er würde es nicht übel nehmen, wenn ich auf seine Beschäftigung aufmerksam wäre, und daher fragte ich ihn, was er suchte? – „Ich suche“, antwortete er mit einem tiefen Seufzer, „Blumen – und finde keine.“ – „Das ist auch die Jahreszeit nicht“, sagte ich lächelnd. – „Es gibt so viele Blumen“, sagte er, indem er zu mir herunterkam. „In meinem Garten sind Rosen und Jelängerjelieber zweierlei Sorten, eine hat mir mein Vater gegeben, sie wachsen wie Unkraut; ich suche schon zwei Tage darnach und kann sie nicht finden. Da haußen sind auch immer Blumen, gelbe und blaue und rote, und das Tausendgüldenkraut hat ein schönes

Blümchen. Keines kann ich finden.“ – Ich merkte was Unheimliches und drum fragte ich durch einen Umweg: „Was will Er denn mit den Blumen?“ – Ein wunderbares, zuckendes Lächeln verzog sein Gesicht. – „Wenn Er mich nicht verraten will“, sagte er, indem er den Finger auf den Mund drückte, „ich habe meinem Schatz einen Strauß versprochen.“ – „Das ist brav“, sagte ich. – „Oh“, sagte er, „sie hat viel andere Sachen, sie ist reich.“ – „Und doch hat sie Seinen Strauß lieb“, versetzte ich. – „Oh!“, fuhr er fort, „sie hat Juwelen und eine Krone.“ „Wie heißt sie denn?“ – „Wenn mich die Generalstaaten bezahlen wollten“, versetzte er, „ich wär ein anderer Mensch! Ja, es war einmal eine Zeit, da mir es so wohl war! Jetzt ist es aus mit mir. Ich bin nun . . .“ Ein nasser Blick zum Himmel drückte alles aus. – „Er war also glücklich?“, fragte ich. – „Ach ich wollte, ich wäre wieder so!“, sagte er. „Da war mir es so wohl, so lustig, so leicht wie einem Fisch im Wasser!“ – „Heinrich!“, rief eine alte Frau, die den Weg herkam. „Heinrich, wo steckst du? Wir haben dich überall gesucht, komm zum Essen!“ – „Ist das Euer Sohn?“, fragt’ ich, zu ihr tretend. – „Wohl, mein armer Sohn!“, versetzte sie. „Gott hat mir ein schweres Kreuz aufgelegt.“ – „Wie lange ist er so?“, fragte ich. – „So stille“, sagte sie, „ist er nun ein halbes Jahr. Gott sei Dank, dass er nur so weit ist, vorher war er ein ganzes Jahr rasend, da hat er an Ketten im Tollhause gelegen. Jetzt tut er niemand nichts, nur hat er immer mit Königen und Kaisern zu schaffen. Er war ein so guter, stiller Mensch, der mich ernähren half, seine schöne Hand schrieb, und auf einmal wird er tiefsinnig, fällt in ein hitziges Fieber, daraus in Raserei und nun ist er, wie Sie ihn sehen. Wenn ich Ihnen erzählen sollte, Herr …“ Ich unterbrach den Strom ihrer Worte mit der Frage: „Was war denn das für eine Zeit, von der er rühmt, dass er so glücklich, so wohl darin gewesen sei?“ – „Der törichte Mensch!“, rief sie mit mitleidigem Lächeln, „da meint er die Zeit, da er von sich war, das rühmt er immer; das ist die Zeit, da er im Tollhause war, wo er nichts von sich wusste.“ – Das fiel mir auf wie ein Donnerschlag, ich drückte ihr ein Stück Geld in die Hand und verließ sie eilend.

Da du glücklich warst!, rief ich aus, schnell vor mich hin nach der Stadt zu gehend, da dir es wohl war wie einem Fisch im Wasser! – Gott im Himmel! hast du das zum Schicksale der Menschen gemacht, dass sie nicht glücklich sind, als ehe sie zu ihrem Verstande kommen und wenn sie ihn wieder verlieren! – Elender! und auch wie beneide ich deinen Trübsinn, die Verwirrung deiner Sinne, in der du verschmachtest! Du gehst hoffnungsvoll aus, deiner Königin Blumen zu pflücken – im Winter – und trauerst, da du keine findest, und begreifst nicht, warum du keine finden kannst. Und ich – und ich gehe ohne Hoffnung, ohne Zweck heraus und kehre wieder heim, wie ich gekommen bin. – Du wähnst, welcher Mensch du sein würdest, wenn die Generalstaaten dich bezahlten. Seliges Geschöpf, das den Mangel seiner Glückseligkeit einem irdischen Hindernis zuschreiben kann. Du fühlst nicht, du fühlst nicht, dass in deinem zerstörten Herzen, in deinem zerrütteten Gehirne dein Elend liegt, wovon alle Könige der Erde dir nicht helfen können.

Müsse der trostlos umkommen, der eines Kranken spottet, der nach der entferntesten Quelle reist, die seine Krankheit vermehren, sein Ausleben schmerzhafter machen wird! der sich über das bedrängte Herz erhebt, das, um seine Gewissensbisse loszuwerden und die Leiden seiner Seele abzutun, eine Pilgrimschaft nach dem heiligen Grabe tut. Jeder Fußtritt, der seine Sohlen auf ungebahntem Wege durchschneidet, ist ein Linderungstropfen der geängsteten Seele, und mit jeder ausgedauerten Tagereise legt sich das Herz um viele Bedrängnisse leichter nieder. – Und dürft ihr das Wahn nennen, ihr Wortkrämer auf euren Polstern? – Wahn! – O Gott! du siehst meine Tränen! Musstest du, der du den Menschen arm genug erschufst, ihm auch Brüder zugeben, die ihm das bisschen Armut, das bisschen Vertrauen noch raubten, das er auf dich hat, auf dich, du Allliebender! Denn das Vertrauen zu einer heilenden Wurzel, zu den Tränen des Weinstockes, was ist es als Vertrauen zu dir, dass du in alles, was uns umgibt, Heil- und Linderungskraft gelegt hast, der wir so stündlich bedürfen? Vater, den ich nicht kenne! Vater, der sonst meine ganze Seele füllte und nun sein Angesicht von mir gewendet hat, rufe mich zu dir! Schweige nicht länger! Dein Schweigen wird diese dürstende Seele nicht aufhalten – Und würde ein Mensch, ein Vater, zürnen können, dem sein unvermutet rückkehrender Sohn um den Hals fiele und riefe: „Ich bin wieder da, mein Vater! Zürne nicht, dass ich die Wanderschaft abbreche, die ich nach deinem Willen länger aushalten sollte. Die Welt ist überall einerlei, auf Mühe und Arbeit Lohn und Freude; aber was soll mir das? Mir ist nur wohl, wo du bist, und vor deinem Angesichte will ich leiden und genießen.“ – Und du, lieber himmlischer Vater, solltest ihn von dir weisen?

Am 1. Dezember.

Wilhelm! der Mensch, von dem ich dir schrieb, der glückliche Unglückliche, war Schreiber bei Lottens Vater, und eine Leidenschaft zu ihr, die er nährte, verbarg, entdeckte und worüber er aus dem Dienst geschickt wurde, hat ihn rasend gemacht. Fühle bei diesen trocknen Worten, mit welchem Unsinne mich die Geschichte ergriffen hat, da mir sie Albert ebenso gelassen erzählte, als du sie vielleicht liesest.

Am 4. Dezember.

Ich bitte dich – Siehst du, mit mir ist's aus, ich trag es nicht länger! Heute saß ich bei ihr – saß, sie spielte auf ihrem Klavier, mannigfaltige Melodien, und all den Ausdruck! all! – all! – Was willst du? – Ihr Schwesterchen putzte ihre Puppe auf meinem Knie. Mir kamen die Tränen in die Augen. Ich neigte mich und ihr Trauring fiel mir ins Gesicht – meine Tränen flossen – Und auf einmal fiel sie in die alte, himmelsüße Melodie ein, so auf einmal, und mir durch die Seele gehn ein Trostgefühl und eine Erinnerung des Vergangenen, der Zeiten, da ich das Lied gehört, der düstern Zwischenräume des Verdrusses, der fehlgeschlagenen Hoffnungen und dann – Ich ging in der Stube auf und nieder, mein Herz erstickte unter dem Zudringen. – „Um Gottes willen", sagte ich, mit einem heftigen Ausbruch hin gegen sie fahrend, „um Gottes willen, hören Sie auf!" – Sie hielt und sah mich starr an. – „Werther", sagte sie mit einem Lächeln, das mir durch die Seele ging, „Werther, Sie sind sehr krank, Ihre Lieblingsgerichte widerstehen Ihnen. Gehen Sie! Ich bitte Sie, beruhigen Sie sich." – Ich riss mich von ihr weg und – Gott! du siehst mein Elend und wirst es enden.

Am 6. Dezember.

Wie mich die Gestalt verfolgt! Wachend und träumend füllt sie meine ganze Seele! Hier, wenn ich die Augen schließe, hier in meiner Stirne, wo die innere Sehkraft sich vereinigt, stehen ihre schwarzen Augen. Hier! ich kann dir es nicht ausdrücken. Mache ich meine Augen zu, so sind sie da; wie ein Meer, wie ein Abgrund ruhen sie vor mir, in mir, füllen die Sinne meiner Stirn.

Was ist der Mensch, der gepriesene Halbgott! Ermangeln ihm nicht eben da die Kräfte, wo er sie am nötigsten braucht? Und wenn er in Freude sich aufschwingt oder im Leiden versinkt, wird er nicht in beiden eben da aufgehalten, eben da zu dem stumpfen, kalten Bewusstsein wieder zurückgebracht, da er sich in der Fülle des Unendlichen zu verlieren sehnte?

Der Herausgeber an den Leser

Wie sehr wünscht ich, dass uns von den letzten merkwürdigen Tagen unsers Freundes so viel eigenhändige Zeugnisse übrig geblieben wären, dass ich nicht nötig hätte, die Folge seiner hinterlassenen Briefe durch Erzählung zu unterbrechen.

Ich habe mir angelegen sein lassen, genaue Nachrichten aus dem Munde derer zu sammeln, die von seiner Geschichte wohl unterrichtet sein konnten; sie ist einfach und es kommen alle Erzählungen davon bis auf wenige Kleinigkeiten miteinander überein; nur über die Sinnesarten der handelnden Personen sind die Meinungen verschieden und die Urteile geteilt.

Was bleibt uns übrig, als dasjenige, was wir mit wiederholter Mühe erfahren können, gewissenhaft zu erzählen, die von dem Abscheidenden hinterlassnen Briefe einzuschalten und das kleinste aufgefundene Blättchen nicht gering zu achten; zumal da es so schwer ist, die eigensten, wahren Triebfedern auch nur einer einzelnen Handlung zu entdecken, wenn sie unter Menschen vorgeht, die nicht gemeiner Art sind.

Unmut und Unlust hatten in Werthers Seele immer tiefer Wurzel geschlagen, sich fester untereinander verschlungen und sein ganzes Wesen nach und nach eingenommen. Die Harmonie seines Geistes war völlig zerstört, eine innerliche Hitze und Heftigkeit, die alle Kräfte seiner Natur durcheinanderarbeitete, brachte die widrigsten Wirkungen hervor und ließ ihm zuletzt nur eine Ermattung übrig, aus der er noch ängstlicher emporstrebte, als er mit allen Übeln bisher gekämpft hatte. Die Beängstigung seines Herzens zehrte die übrigen Kräfte seines Geistes, seine Lebhaftigkeit, seinen Scharfsinn auf, er ward ein trauriger Gesellschafter, immer unglücklicher und immer ungerechter, je unglücklicher er ward. Wenigstens sagen dies Alberts Freunde; sie behaupten, dass Werther einen reinen, ruhigen Mann, der nun eines lang gewünschten Glücks teilhaftig geworden, und sein Betragen, sich dieses Glück auch auf die Zukunft zu erhalten, nicht habe beurteilen können, er, der gleichsam mit jedem Tage sein ganzes Vermögen verzehrte, um an dem Abend zu leiden und zu darben. Albert, sagen sie, hatte sich in so kurzer Zeit nicht verändert, er war noch immer derselbige, den Werther so vom Anfang her kannte, so sehr schätzte und ehrte. Er liebte Lotten über alles, er war stolz auf sie und wünschte sie auch von jedermann als das herrlichste Geschöpf anerkannt zu wissen. War es ihm daher zu verdenken, wenn er auch jeden Schein des Verdachtes abzuwenden wünschte, wenn er in dem Augenblicke mit niemand diesen köstlichen Besitz auch auf die unschuldigste Weise zu teilen Lust hatte? Sie gestehen ein, dass Albert oft das Zimmer seiner Frau verlassen, wenn Werther bei ihr war, aber nicht aus Hass noch Abneigung gegen seinen Freund, sondern nur weil er gefühlt habe, dass dieser von seiner Gegenwart gedrückt sei.

Lottens Vater war von einem Übel befallen worden, das ihn in der Stube hielt, er schickte ihr seinen Wagen und sie fuhr hinaus. Es war ein schöner Wintertag, der erste Schnee war stark gefallen und deckte die ganze Gegend.

Werther ging ihr den andern Morgen nach, um, wenn Albert sie nicht abzuholen käme, sie hereinzubegleiten.

Das klare Wetter konnte wenig auf sein trübes Gemüt wirken, ein dumpfer Druck lag auf seiner Seele, die traurigen Bilder hatten sich bei ihm festgesetzt und sein Gemüt kannte keine Bewegung als von einem schmerzlichen Gedanken zum andern.

Wie er mit sich in ewigem Unfrieden lebte, schien ihm auch der Zustand andrer nur bedenklicher und verworrner, er glaubte, das schöne Verhältnis zwischen Albert und seiner Gattin gestört zu haben, er machte sich Vorwürfe darüber, in die sich ein heimlicher Unwille gegen den Gatten mischte.

Seine Gedanken fielen auch unterwegs auf diesen Gegenstand. „Ja, ja“, sagte er zu sich selbst, mit heimlichem Zähneknirschen, „das ist der vertraute, freundliche, zärtliche, an allem teilnehmende Umgang, die ruhige, dauernde Treue! Sattigkeit ist's und Gleichgültigkeit! Zieht ihn nicht jedes elende Geschäft mehr an als die teure köstliche Frau? Weiß er sein Glück zu schätzen? Weiß er sie zu achten, wie sie es verdient? Er hat sie, nun gut, er hat sie – Ich weiß das, wie ich was anders auch weiß, ich glaube an den Gedanken gewöhnt zu sein, er wird mich noch rasend machen, er wird mich noch umbringen – Und hat denn die Freundschaft zu mir Stich gehalten? Sieht er nicht in meiner Anhänglichkeit an Lotten schon einen Eingriff in seine Rechte, in meiner Aufmerksamkeit für sie einen stillen Vorwurf? Ich weiß es wohl, ich fühl es, er sieht mich ungern, er wünscht meine Entfernung, meine Gegenwart ist ihm beschwerlich.“

Oft hielt er seinen raschen Schritt an, oft stand er stille und schien umkehren zu wollen; allein er richtete seinen Gang immer wieder vorwärts und war mit diesen Gedanken und Selbstgesprächen endlich gleichsam wider Willen bei dem Jagdhause angekommen.

Er trat in die Tür, fragte nach dem Alten und nach Lotten, er fand das Haus in einiger Bewegung. Der älteste Knabe sagte ihm, es sei drüben in Wahlheim ein Unglück geschehn, es sei ein Bauer erschlagen worden! – Es machte das weiter keinen Eindruck auf ihn. – Er trat in die Stube und fand Lotten beschäftigt, dem Alten zuzureden, der ungeachtet seiner Krankheit hinüberwollte, um an Ort und Stelle die Tat zu untersuchen. Der Täter war noch unbekannt, man hatte den Erschlagenen des Morgens vor der Haustür gefunden, man hatte Mutmaßungen: Der Entleibte war Knecht einer Witwe, die vorher einen andern im Dienste gehabt, der mit Unfrieden aus dem Hause gekommen war.

Da Werther dieses hörte, fuhr er mit Heftigkeit auf. – „Ist's möglich!", rief er aus, „ich muss hinüber, ich kann nicht einen Augenblick ruhn." – Er eilte nach Wahlheim zu, jede Erinnerung ward ihm lebendig und er zweifelte nicht einen Augenblick, dass jener Mensch die Tat begangen, den er so manchmal gesprochen, der ihm so wert geworden war.

Da er durch die Linden musste, um nach der Schenke zu kommen, wo sie den Körper hingelegt hatten, entsetzt' er sich vor dem sonst so geliebten Platze. Jene Schwelle, worauf die Nachbarskinder so oft gespielt hatten, war mit Blut besudelt. Liebe und Treue, die schönsten menschlichen Empfindungen, hatten sich in Gewalt und Mord verwandelt. Die starken Bäume standen ohne Laub und bereift, die schönen Hecken, die sich über die niedrige Kirchhofmauer wölbten, waren entblättert und die Grabsteine sahen mit Schnee bedeckt durch die Lücken hervor.

Als er sich der Schenke näherte, vor welcher das ganze Dorf versammelt war, entstand auf einmal ein Geschrei. Man erblickte von fern einen Trupp bewaffneter Männer und ein jeder rief, dass man den Täter herbeiführe. Werther sah hin und blieb nicht lange zweifelhaft. Ja, es war der Knecht, der jene Witwe so sehr liebte, den er vor einiger Zeit mit dem stillen Grimme, mit der heimlichen Verzweiflung umhergehend angetroffen hatte.

„Was hast du begangen, Unglücklicher!", rief Werther aus, indem er auf den Gefangnen losging. – Dieser sah ihn still an, schwieg und versetzte endlich ganz gelassen: „Keiner wird sie haben, sie wird keinen haben." – Man brachte den Gefangnen in die Schenke und Werther eilte fort.

Durch die entsetzliche gewaltige Berührung war alles, was in seinem Wesen lag, durcheinandergeschüttelt worden. Aus seiner Trauer, seinem Missmut, seiner gleichgültigen Hingegebenheit wurde er auf einen Augenblick herausgerissen; unüberwindlich bemächtigte sich die Teilnehmung seiner, und es ergriff ihn eine unsägliche Begierde, den Menschen zu retten. Er fühlte ihn so unglücklich, er fand ihn als Verbrecher selbst so schuldlos, er setzte sich so tief in seine Lage, dass er gewiss glaubte, auch andere davon zu überzeugen. Schon wünschte er für ihn sprechen zu können, schon drängte sich der lebhafteste Vortrag nach seinen Lippen, er eilte nach dem Jagdhause und konnte sich unterwegs nicht enthalten, alles das, was er dem Amtmann vorstellen wollte, schon halblaut auszusprechen.

Als er in die Stube trat, fand er Alberten gegenwärtig, dies verstimmte ihn einen Augenblick; doch fasste er sich bald wieder und trug dem Amtmanne feurig seine Gesinnungen vor. Dieser schüttelte einige Mal den Kopf, und obgleich Werther mit der größten Lebhaftigkeit, Leidenschaft und Wahrheit alles vorbrachte, was ein Mensch zur Entschuldigung eines Menschen sagen kann, so war doch, wie sich's leicht denken lässt, der Amtmann dadurch nicht gerührt. Er ließ vielmehr unsern Freund nicht ausreden, widersprach ihm eifrig und tadelte ihn, dass er einen Meuchelmörder in Schutz nehme; er zeigte ihm, dass auf diese Weise jedes Gesetz aufgehoben, alle Sicherheit des Staates zugrund gerichtet werde, auch setzte er hinzu, dass er in einer solchen Sache nichts tun könne, ohne sich die größte Verantwortung aufzuladen, es müsse alles in der Ordnung, in dem vorgeschriebenen Gang gehen.

Werther ergab sich noch nicht, sondern bat nur, der Amtmann möchte durch die Finger sehn, wenn man dem Menschen zur Flucht behülflich wäre! Auch damit wies ihn der Amtmann ab. Albert, der sich endlich ins Gespräch mischte, trat auch auf des Alten Seite: Werther wurde überstimmt, und mit einem entsetzlichen Leiden machte er sich auf den Weg, nachdem ihm der Amtmann einige Mal gesagt hatte: „Nein, er ist nicht zu retten!"

Wie sehr ihm diese Worte aufgefallen sein müssen, sehn wir aus einem Zettelchen, das sich unter seinen Papieren fand und das gewiss an dem nämlichen Tage geschrieben worden:

„Du bist nicht zu retten, Unglücklicher! Ich sehe wohl, dass wir nicht zu retten sind."

Was Albert zuletzt über die Sache des Gefangenen in Gegenwart des Amtmanns gesprochen, war Werthern höchst zuwider gewesen: Er glaubte einige Empfindlichkeit gegen sich darin bemerkt zu haben und wenngleich bei mehrerem Nachdenken seinem Scharfsinne nicht entging, dass beide Männer recht haben möchten, so war es ihm doch, als ob er seinem innersten Dasein entsagen müsste, wenn er es gestehen, wenn er es zugeben sollte.

Ein Blättchen, das sich darauf bezieht, das vielleicht sein ganzes Verhältnis zu Albert ausdrückt, finden wir unter seinen Papieren:

„Was hilft es, dass ich mir's sage und wieder sage, er ist brav und gut, aber es zerreißt mir mein inneres Eingeweide; ich kann nicht gerecht sein."

Weil es ein gelinder Abend war und das Wetter anfing, sich zum Tauen zu neigen, ging Lotte mit Alberten zu Fuße zurück. Unterwegs sah sie sich hier und da um, eben als wenn sie Werthers Begleitung vermisste. Albert fing von ihm an zu reden, er tadelte ihn, indem er ihm Gerechtigkeit widerfahren ließ. Er berührte seine unglückliche Leidenschaft und wünschte, dass es möglich sein möchte, ihn zu entfernen. – „Ich wünsch es auch um unsertwillen", sagt' er, „und ich bitte dich", fuhr er fort, „siehe zu, seinem Betragen gegen dich eine andere Richtung zu geben, seine öftern Besuche zu vermindern. Die Leute werden aufmerksam und ich weiß, dass man hier und da drüber gesprochen hat." – Lotte schwieg, und Albert schien ihr Schweigen empfunden zu haben, wenigstens seit der Zeit erwähnte er Werthers nicht mehr gegen sie, und wenn sie seiner erwähnte, ließ er das Gespräch fallen oder lenkte es woanders hin.

Der vergebliche Versuch, den Werther zur Rettung des Unglücklichen gemacht hatte, war das letzte Auflodern der Flamme eines verlöschenden Lichtes; er versank nur desto tiefer in Schmerz und Untätigkeit; besonders kam er fast außer sich, als er hörte, dass man ihn vielleicht gar zum Zeugen gegen den Menschen, der sich nun aufs Leugnen legte, auffordern könnte.

Alles was ihm Unangenehmes jemals in seinem wirksamen Leben begegnet war, der Verdruss bei der Gesandtschaft, alles was ihm sonst misslungen war, was ihn je gekränkt hatte, ging in seiner Seele auf und nieder. Er fand sich durch alles dieses wie zur Untätigkeit berechtigt, er fand sich abgeschnitten von aller Aussicht, unfähig, irgendeine Handhabe zu ergreifen, mit denen man die Geschäfte des gemeinen Lebens anfasst; und so rückte er endlich, ganz seiner wunderbaren Empfindung, Denkart und einer endlosen Leidenschaft hingegeben, in dem ewigen Einerlei eines traurigen Umgangs mit dem liebenswürdigen und geliebten Geschöpfe, dessen Ruhe er störte, in seine Kräfte stürmend, sie ohne Zweck und Aussicht abarbeitend, immer einem traurigen Ende näher.

wirksam tätig, von Wirksamkeit erfüllt

Von seiner Verworrenheit, Leidenschaft, von seinem rastlosen Treiben und Streben, von seiner Lebensmüde sind einige hinterlassne Briefe die stärksten Zeugnisse, die wir hier einrücken wollen.

„Am 12. Dezember.

Lieber Wilhelm, ich bin in einem Zustande, in dem jene Unglücklichen gewesen sein müssen, von denen man glaubte, sie würden von einem bösen Geiste umhergetrieben. Manchmal ergreift mich's; es ist nicht Angst, nicht Begier – es ist ein inneres, unbekanntes Toben, das meine Brust zu zerreißen droht, das mir die Gurgel zupresst! Wehe! wehe! Und dann schweife ich umher in den furchtbaren nächtlichen Szenen dieser menschenfeindlichen Jahreszeit.

Gestern Abend musste ich hinaus. Es war plötzlich Tauwetter eingefallen, ich hatte gehört, der Fluss sei übergetreten, alle Bäche geschwollen und von Wahlheim herunter mein liebes Tal überschwemmt! Nachts nach eilfe rannte ich hinaus. Ein fürchterliches Schauspiel, vom Fels herunter die wühlenden Fluten in dem Mondlichte wirbeln zu sehen, über Äcker und Wiesen und Hecken und alles, und das weite Tal hinauf und hinab *eine* stürmende See im Sausen des Windes! Und wenn dann der Mond wieder hervortrat und über der schwarzen Wolke ruhte und vor mir hinaus die Flut in fürchterlich herrlichem Widerschein rollte und klang: da überfiel mich ein Schauer und wieder ein Sehnen! Ach, mit offenen Armen stand ich gegen den Abgrund und atmete hinab! hinab! und verlor mich in der Wonne, meine Qualen, mein Leiden da hinabzustürzen! dahinzubrausen wie die Wellen! Oh! – und den Fuß vom Boden zu heben vermochtest du nicht und alle Qualen zu enden! – Meine Uhr ist noch nicht ausgelaufen, ich fühle es! O Wilhelm! wie gern hätte ich mein Menschsein drum gegeben, mit jenem Sturmwinde die Wolken zu zerreißen, die Fluten zu fassen! Ha! und wird nicht vielleicht dem Eingekerkerten einmal dieseWonne zuteil? –

Und wie ich wehmütig hinabsah auf ein Plätzchen, wo ich mit Lotten unter einer Weide geruht, auf einem heißen Spaziergange, – das war auch überschwemmt und kaum dass ich die Weide erkannte! Wilhelm! Und ihre Wiesen, dachte ich, die Gegend um ihr Jagdhaus! wie verstört jetzt vom reißenden Strome unsere Laube! dacht' ich. Und der Vergangenheit Sonnenstrahl blickte herein, wie einem Gefangenen ein Traum von Herden, Wiesen und Ehrenämtern! Ich stand! – Ich schelte mich nicht, denn ich habe Mut zu sterben. – Ich hätte – Nun sitze ich hier wie ein altes Weib, das ihr Holz von Zäunen stoppelt und ihr Brot an den Türen, um ihr hinsterbendes, freudeloses Dasein noch einen Augenblick zu verlängern und zu erleichtern."

„Am 14. Dezember.

Was ist das, mein Lieber? Ich erschrecke vor mir selbst! Ist nicht meine Liebe zu ihr die heiligste, reinste, brüderlichste Liebe? Habe ich jemals einen strafbaren Wunsch in meiner Seele gefühlt? – Ich will nicht beteuern – Und nun, Träume! O wie wahr fühlten die Menschen, die so widersprechende Wirkungen fremden Mächten zuschrieben! Diese Nacht! ich zittere, es zu sagen, hielt ich sie in meinen Armen, fest an meinen Busen gedrückt und deckte ihren liebelispelnden Mund mit unendlichen Küssen; mein Auge schwamm in der Trunkenheit des ihrigen! Gott! bin ich strafbar, dass ich auch jetzt noch eine Seligkeit fühle, mir diese glühenden Freuden mit voller Innigkeit zurückzurufen? Lotte! Lotte! – Und mit mir ist es aus! meine Sinne verwirren sich, schon acht Tage habe ich keine Besinnungskraft mehr, meine Augen sind voll Tränen. Ich bin nirgend wohl und überall wohl. Ich wünsche nichts, verlange nichts. Mir wäre besser, ich ginge."

Der Entschluss, die Welt zu verlassen, hatte in dieser Zeit, unter solchen Umständen in Werthers Seele immer mehr Kraft gewonnen. Seit der Rückkehr zu Lotten war es immer seine letzte Aussicht und Hoffnung gewesen; doch hatte er sich gesagt, es solle keine übereilte, keine rasche Tat sein, er wolle mit der besten Überzeugung, mit der möglichst ruhigen Entschlossenheit diesen Schritt tun.

Seine Zweifel, sein Streit mit sich selbst blicken aus einem Zettelchen hervor, das wahrscheinlich ein angefangener Brief an Wilhelm ist und ohne Datum unter seinen Papieren gefunden worden:

„Ihre Gegenwart, ihr Schicksal, ihre Teilnehmung an dem meinigen presst noch die letzten Tränen aus meinem versengten Gehirne.

Den Vorhang aufzuheben und dahinter zu treten! das ist alles! Und warum das Zaudern und Zagen? Weil man nicht weiß, wie es dahinten aussieht? und man nicht wiederkehrt? Und dass das nun die Eigenschaft unseres Geistes ist, da Verwirrung und Finsternis zu ahnen, wovon wir nichts Bestimmtes wissen."

Endlich ward er mit dem traurigen Gedanken immer mehr verwandt und befreundet und sein Vorsatz fest und unwiderruflich, wovon folgender zweideutige Brief, den er an seinen Freund schrieb, ein Zeugnis abgibt.

„Am 20. Dezember.

Ich danke deiner Liebe, Wilhelm, dass du das Wort so aufgefangen hast. Ja, du hast recht: Mir wäre besser, ich ginge. Der Vorschlag, den du zu einer Rückkehr zu euch tust, gefällt mir nicht ganz; wenigstens möchte ich noch gern einen Umweg machen, besonders da wir anhaltenden Frost und gute Wege zu hoffen haben. Auch ist mir es sehr lieb, dass du kommen willst, mich abzuholen; verziehe nur noch vierzehn Tage und erwarte noch einen Brief von mir mit dem Weiteren. Es ist nötig, dass nichts gepflückt werde, ehe es reif ist. Und vierzehn Tage auf oder ab tun viel. Meiner Mutter sollst du sagen: dass sie für ihren Sohn beten soll und dass ich sie um Vergebung bitte, wegen alles Verdrusses, den ich ihr gemacht habe. Das war nun mein Schicksal, die zu betrüben, denen ich Freude schuldig war. Leb wohl, mein Teuerster! Allen Segen des Himmels über dich! Leb wohl!“

Was in dieser Zeit in Lottens Seele vorging, wie ihre Gesinnungen gegen ihren Mann, gegen ihren unglücklichen Freund gewesen, getrauen wir uns kaum mit Worten auszudrücken, ob wir uns gleich davon, nach der Kenntnis ihres Charakters, wohl einen stillen Begriff machen können und eine schöne weibliche Seele sich in die ihrige denken und mit ihr empfinden kann.

So viel ist gewiss, sie war fest bei sich entschlossen, alles zu tun, um Werthern zu entfernen, und wenn sie zauderte, so war es eine herzliche, freundschaftliche Schonung, weil sie wusste, wie viel es ihm kosten, ja dass es ihm beinahe unmöglich sein würde. Doch ward sie in dieser Zeit mehr gedrängt, Ernst zu machen; es schwieg ihr Mann ganz über dies Verhältnis, wie sie auch immer darüber geschwiegen hatte, und umso mehr war ihr angelegen, ihm durch die Tat zu beweisen, wie ihre Gesinnungen der seinigen wert seien.

An demselben Tage, als Werther den zuletzt eingeschalteten Brief an seinen Freund geschrieben, es war der Sonntag vor Weihnachten, kam er abends zu Lotten und fand sie allein. Sie beschäftigte sich, einige Spielwerke in Ordnung zu bringen, die sie ihren kleinen Geschwistern zum Christgeschenke zurechtgemacht hatte. Er redete von dem Vergnügen, das die Kleinen haben würden, und von den Zeiten, da einen die unerwartete Öffnung der Tür und die Erscheinung eines aufgeputzten Baumes mit Wachslichtern, Zuckerwerk und Äpfeln in paradiesische Entzückung setzte. – „Sie sollen“, sagte Lotte, indem sie ihre Verlegenheit unter ein liebes Lächeln verbarg, „Sie sollen auch beschert kriegen, wenn Sie recht geschickt sind; ein Wachsstöckchen und noch

Wachsstöckchen gezogene dünne Wachslichter

→

was.“ – „Und was heißen Sie geschickt sein?“, rief er aus; „wie soll ich sein? wie kann ich sein? beste Lotte!“ – „Donnerstagabend“, sagte sie, „ist Weihnachtsabend, da kommen die Kinder, mein Vater auch, da kriegt jedes das Seinige, da kommen Sie auch – aber nicht eher.“ – Werther stutzte. – „Ich bitte Sie“, fuhr sie fort, „es ist nun einmal so, ich bitte Sie um meiner Ruhe willen, es kann nicht, es kann nicht so bleiben.“ – Er wendete seine Augen von ihr und ging in der Stube auf und ab und murmelte das „Es kann nicht so bleiben!“ zwischen den Zähnen. – Lotte, die den schrecklichen Zustand fühlte, worein ihn diese Worte versetzt hatten, suchte durch allerlei Fragen seine Gedanken abzulenken, aber vergebens. – „Nein, Lotte“, rief er aus: „ich werde Sie nicht wieder sehen!“ – „Warum das?“, versetzte sie, „Werther, Sie können, Sie müssen uns wieder sehen, nur mäßigen Sie sich. Oh, warum mussten Sie mit dieser Heftigkeit, dieser unbezwinglich haftenden Leidenschaft für alles, was Sie einmal anfassen, geboren werden! Ich bitte Sie“, fuhr sie fort, indem sie ihn bei der Hand nahm, „mäßigen Sie sich! Ihr Geist, Ihre Wissenschaften, Ihre Talente, was bieten die Ihnen für mannigfaltige Ergetzungen dar! Seien Sie ein Mann, wenden Sie diese traurige Anhänglichkeit von einem Geschöpf, das nichts tun kann, als Sie bedauern.“ Er knirrte mit den Zähnen und sah sie düster an. – Sie hielt seine Hand. „Nur einen Augenblick ruhigen Sinn, Werther!“, sagte sie. „Fühlen Sie nicht, dass Sie sich betriegen, sich mit Willen zugrunde richten! Warum denn mich, Werther? just mich, das Eigentum eines andern? just das? Ich fürchte, ich fürchte, es ist nur die Unmöglichkeit, mich zu besitzen, die Ihnen diesen Wunsch so reizend macht.“ – Er zog seine Hand aus der ihrigen, indem er sie mit einem starren, unwilligen Blick ansah. – „Weise!“, rief er, „sehr weise! hat vielleicht Albert diese Anmerkung gemacht? Politisch! sehr politisch!“ – „Es kann sie jeder machen“, versetzte sie drauf. „Und sollte denn in der weiten Welt kein Mädchen sein, das die Wünsche Ihres Herzens erfüllte? Gewinnen Sie's über sich, suchen Sie darnach, und ich schwöre Ihnen, Sie werden sie finden; denn schon lange ängstet mich, für Sie und uns, die Einschränkung, in die Sie sich diese Zeit her selbst gebannt haben. Gewinnen Sie's über sich, eine Reise wird Sie, muss Sie zerstreuen! Suchen Sie, finden Sie einen werten Gegenstand Ihrer Liebe und kehren Sie zurück und lassen Sie uns zusammen die Seligkeit einer wahren Freundschaft genießen.“

politisch in ursprünglicher Bedeutung: schlau, diplomatisch

„Das könnte man“, sagte er mit einem kalten Lachen, „drucken lassen und allen Hofmeistern empfehlen. Liebe Lotte! lassen Sie mir noch ein klein wenig Ruh, es wird alles werden!“ – „Nur das, Werther, dass Sie nicht eher kommen als Weihnachtsabend!“ – Er wollte antworten und Albert trat in die Stube. Man bot sich einen frostigen Guten Abend und ging verlegen im Zimmer nebeneinander auf und nieder. Werther fing einen unbedeutenden Diskurs an, der bald aus war. Albert desgleichen, der sodann seine Frau nach gewissen Aufträgen fragte und, als er hörte, sie seien noch nicht ausgerichtet, ihr einige Worte sagte, die Werthern kalt, ja gar hart vorkamen. Er wollte gehen, er konnte nicht und zauderte bis acht, da sich denn sein Unmut und Unwillen immer vermehrte, bis der Tisch gedeckt wurde und er Hut und Stock nahm. Albert lud ihn zu bleiben, er aber, der nur ein unbedeutendes Kompliment zu hören glaubte, dankte kalt dagegen und ging weg.

Er kam nach Hause, nahm seinem Burschen, der ihm leuchten wollte, das Licht aus der Hand und ging allein in sein Zimmer, weinte laut, redete aufgebracht mit sich selbst, ging heftig die Stube auf und ab und warf sich endlich in seinen Kleidern aufs Bette, wo ihn der Bediente fand, der es gegen eilfe wagte, hineinzugehn, um zu fragen, ob er dem Herrn die Stiefeln ausziehen sollte, das er denn zuließ und dem Bedienten verbot, den andern Morgen ins Zimmer zu kommen, bis er ihm rufen würde.

Montags früh, den einundzwanzigsten Dezember, schrieb er folgenden Brief an Lotten, den man nach seinem Tode versiegelt auf seinem Schreibtische gefunden und ihr überbracht hat, und den ich absatzweise hier einrücken will, so wie aus den Umständen erhellet, dass er ihn geschrieben habe.

„Es ist beschlossen, Lotte, ich will sterben, und das schreibe ich dir ohne romantische Überspannung, gelassen, an dem Morgen des Tages, an dem ich dich zum letzten Male sehen werde. Wenn du dieses liesest, meine Beste, deckt schon das kühle Grab die erstarrten Reste des Unruhigen, Unglücklichen, der für die letzten Augenblicke seines Lebens keine größere Süßigkeit weiß, als sich mit dir zu unterhalten. Ich habe eine schreckliche Nacht gehabt und, ach, eine wohltätige Nacht. Sie ist es, die meinen Entschluss befestiget, bestimmt hat: Ich will sterben! Wie ich mich gestern von dir riss, in der fürchterlichen Empörung meiner Sinne, wie sich alles das nach meinem Herzen drängte und mein hoffnungsloses freudeloses Dasein neben dir in grässlicher Kälte mich anpackte – ich erreichte kaum mein Zimmer, ich warf mich außer mir auf meine Knie, und o Gott! du gewährtest mir das letzte Labsal der bittersten Tränen! Tausend Anschläge, tausend Aussichten wüteten durch meine Seele, und zuletzt stand er da, fest, ganz, der letzte einzige Gedanke: Ich will sterben! – Ich legte mich nieder, und morgens, in der Ruhe des Erwachens, steht er noch fest, noch ganz stark in meinem Herzen: Ich will sterben! – Es ist nicht Verzweiflung, es ist Gewissheit, dass ich ausgetragen habe und dass ich mich opfere für dich. Ja, Lotte! warum sollte ich es verschweigen? Eins von uns dreien muss hinweg, und das will ich sein! O meine Beste! In diesem zerrissenen Herzen ist es wütend herumgeschlichen, oft – deinen Mann zu ermorden! – dich! – mich! – So sei es denn! – Wenn du hinaufsteigst auf den Berg, an einem schönen Sommerabende, dann erinnere dich meiner, wie ich so oft das Tal heraufkam, und dann blicke nach dem Kirchhofe hinüber nach meinem Grabe, wie der Wind das hohe Gras im Scheine der sinkenden Sonne hin und her wiegt. – Ich war ruhig, da ich anfing, nun, nun weine ich wie ein Kind, da alles das so lebhaft um mich wird. –“

Kontos zu fordern Abrechnungen zu erledigen

Gegen zehn Uhr rief Werther seinem Bedienten, und unter dem Anziehen sagte er ihm, wie er in einigen Tagen verreisen würde, er solle daher die Kleider auskehren und alles zum Einpacken zurechtmachen; auch gab er ihm Befehl, überall Kontos zu fordern, einige ausgeliehene Bücher abzuholen und einigen Armen, denen er wöchentlich etwas zu geben gewohnt war, ihr Zugeteiltes auf zwei Monate voraus zu bezahlen.

Er ließ sich das Essen auf die Stube bringen, und nach Tische ritt er hinaus zum Amtmanne, den er nicht zu Hause antraf. Er ging tiefsinnig im Garten auf und ab und schien noch zuletzt alle Schwermut der Erinnerung auf sich häufen zu wollen.

Die Kleinen ließen ihn nicht lange in Ruhe, sie verfolgten ihn, sprangen an ihm hinauf, erzählten ihm, dass, wenn morgen und wieder morgen und noch ein Tag wäre, sie die Christgeschenke bei Lotten holten, und erzählten ihm Wunder, die sich ihre kleine Einbildungskraft versprach. – „Morgen!“, rief er aus, „und wieder morgen! und noch ein Tag!“ – und küsste sie alle herzlich und wollte sie verlassen, als ihm der Kleine noch etwas in das Ohr sagen wollte. Der verriet ihm, die großen Brüder hätten schöne Neujahrswünsche geschrieben, *so* groß! und einen für den Papa, für Albert und Lotten einen und auch einen für Herrn Werther; die wollten sie am Neujahrstage früh überreichen. Das übermannte ihn, er schenkte jedem etwas, setzte sich zu Pferde, ließ den Alten grüßen und ritt mit Tränen in den Augen davon. Gegen fünf kam er nach Hause, befahl der Magd, nach dem Feuer zu sehen und es bis in die Nacht zu unterhalten. Den Bedienten hieß er Bücher und Wäsche unten in den Koffer packen und die Kleider einnähen. Darauf schrieb er wahrscheinlich folgenden Absatz seines letzten Briefes an Lotten.

„Du erwartest mich nicht! du glaubst, ich würde gehorchen und erst Weihnachtsabend dich wieder sehn. O Lotte! heut oder nie mehr. Weihnachtsabend hältst du dieses Papier in deiner Hand, zitterst und benetzest es mit deinen lieben Tränen. Ich will, ich muss! O wie wohl ist es mir, dass ich entschlossen bin."

Lotte war indes in einen sonderbaren Zustand geraten. Nach der letzten Unterredung mit Werthern hatte sie empfunden, wie schwer es ihr fallen werde, sich von ihm zu trennen, was er leiden würde, wenn er sich von ihr entfernen sollte.

Es war wie im Vorübergehn in Alberts Gegenwart gesagt worden, dass Werther vor Weihnachtsabend nicht wiederkommen werde, und Albert war zu einem Beamten in der Nachbarschaft geritten, mit dem er Geschäfte abzutun hatte und wo er über Nacht ausbleiben musste.

Sie saß nun allein, keins von ihren Geschwistern war um sie, sie überließ sich ihren Gedanken, die stille über ihren Verhältnissen herumschweiften. Sie sah sich nun mit dem Mann auf ewig verbunden, dessen Liebe und Treue sie kannte, dem sie von Herzen zugetan war, dessen Ruhe, dessen Zuverlässigkeit recht vom Himmel dazu bestimmt zu sein schien, dass eine wackere Frau das Glück ihres Lebens darauf gründen sollte; sie fühlte, was er ihr und ihren Kindern auf immer sein würde. Auf der andern Seite war ihr Werther so teuer geworden, gleich von dem ersten Augenblick ihrer Bekanntschaft an hatte sich die Übereinstimmung ihrer Gemüter so schön gezeigt, der lange dauernde Umgang mit ihm, so manche durchlebte Situationen hatten einen unauslöschlichen Eindruck auf ihr Herz gemacht. Alles, was sie Interessantes fühlte und dachte, war sie gewohnt, mit ihm zu teilen, und seine Entfernung drohete in ihr ganzes Wesen eine Lücke zu reißen, die nicht wieder ausgefüllt werden konnte. Oh, hätte sie ihn in dem Augenblick zum Bruder umwandeln können, wie glücklich wäre sie gewesen! Hätte sie ihn einer ihrer Freundinnen verheiraten dürfen, hätte sie hoffen können, auch sein Verhältnis gegen Albert ganz wieder herzustellen!

Sie hatte ihre Freundinnen der Reihe nach durchgedacht und fand bei einer jeglichen etwas auszusetzen, fand keine, der sie ihn gegönnt hätte.

Über allen diesen Betrachtungen fühlte sie erst tief, ohne sich es deutlich zu machen, dass ihr herzliches, heimliches Verlangen sei, ihn für sich zu behalten, und sagte sich daneben, dass sie ihn nicht behalten könne, behalten dürfe; ihr reines, schönes, sonst so leichtes und leicht sich helfendes Gemüt empfand den Druck einer

Schwermut, dem die Aussicht zum Glück verschlossen ist. Ihr Herz war gepresst und eine trübe Wolke lag über ihrem Auge.

So war es halb sieben geworden, als sie Werthern die Treppe heraufkommen hörte und seinen Tritt, seine Stimme, die nach ihr fragte, bald erkannte. Wie schlug ihr Herz, und wir dürfen fast sagen zum ersten Mal, bei seiner Ankunft. Sie hätte sich gern vor ihm verleugnen lassen, und als er hereintrat, rief sie ihm mit einer Art von leidenschaftlicher Verwirrung entgegen: „Sie haben nicht Wort gehalten." – „Ich habe nichts versprochen", war seine Antwort. – „So hätten Sie wenigstens meiner Bitte stattgeben sollen", versetzte sie, „ich bat Sie um unser beider Ruhe."

Sie wusste nicht recht, was sie sagte, ebenso wenig was sie tat, als sie nach einigen Freundinnen schickte, um nicht mit Werthern allein zu sein. Er legte einige Bücher hin, die er gebracht hatte, fragte nach andern, und sie wünschte bald, dass ihre Freundinnen kommen, bald, dass sie wegbleiben möchten. Das Mädchen kam zurück und brachte die Nachricht, dass sich beide entschuldigen ließen.

Sie wollte das Mädchen mit ihrer Arbeit in das Nebenzimmer sitzen lassen; dann besann sie sich wieder anders. Werther ging in der Stube auf und ab, sie trat ans Klavier und fing eine Menuett an, sie wollte nicht fließen. Sie nahm sich zusammen und setzte sich gelassen zu Werthern, der seinen gewöhnlichen Platz auf dem Kanapee eingenommen hatte.

„Haben Sie nichts zu lesen?", sagte sie. – Er hatte nichts. – „Da drin in meiner Schublade", fing sie an, „liegt Ihre Übersetzung einiger Gesänge Ossians; ich habe sie noch nicht gelesen, denn ich hoffte immer, sie von Ihnen zu hören; aber zeither hat sich's nicht finden, nicht machen wollen." – Er lächelte, holte die Lieder, ein Schauer überfiel ihn, als er sie in die Hände nahm, und die Augen standen ihm voll Tränen, als er hineinsah. Er setzte sich nieder und las.

„Stern der dämmernden Nacht, schön funkelst du in Westen, hebst dein strahlend Haupt aus deiner Wolke, wandelst stattlich deinen Hügel hin. Wornach blickst du auf die Heide? Die stürmenden Winde haben sich gelegt; von ferne kommt des Gießbachs Murmeln; rauschende Wellen spielen am Felsen ferne; das Gesumme der Abendfliegen schwärmet übers Feld. Wornach siehst du, schönes Licht? Aber du lächelst und gehst, freudig umgeben dich die Wellen und baden dein liebliches Haar. Lebewohl, ruhiger Strahl. Erscheine, du herrliches Licht von Ossians Seele!

Und es erscheint in seiner Kraft. Ich sehe meine geschiedenen

Freunde, sie sammeln sich auf Lora, wie in den Tagen, die vorüber sind. – Fingal kommt wie eine feuchte Nebelsäule; um ihn sind seine Helden und, siehe! die Barden des Gesanges: Grauer Ullin! stattlicher Ryno! Alpin, lieblicher Sänger! und du, sanft klagende Minona! – Wie verändert seid ihr, meine Freunde, seit den festlichen Tagen auf Selma, da wir buhlten um die Ehre des Gesanges, wie Frühlingslüfte den Hügel hin wechselnd beugen das schwach lispelnde Gras.

→

Da trat Minona hervor in ihrer Schönheit, mit niedergeschlagenem Blick und tränenvollem Auge, schwer floss ihr Haar im unsteten Winde, der von dem Hügel herstieß. – Düster ward's in der Seele der Helden, als sie die liebliche Stimme erhob; denn oft hatten sie das Grab Salgars gesehen, oft die finstere Wohnung der weißen Colma. Colma, verlassen auf dem Hügel, mit der harmonischen Stimme; Salgar versprach zu kommen; aber ringsum zog sich die Nacht. Höret Colmas Stimme, da sie auf dem Hügel allein saß.

Colma

Es ist Nacht! – ich bin allein, verloren auf dem stürmischen Hügel. Der Wind saust im Gebirge. Der Strom heult den Felsen hinab. Keine Hütte schützt mich vor dem Regen, mich Verlassne auf dem stürmischen Hügel.

Tritt, o Mond, aus deinen Wolken! erscheinet, Sterne der Nacht! Leite mich irgendein Strahl zu dem Orte, wo meine Liebe ruht von den Beschwerden der Jagd, sein Bogen neben ihm abgespannt, seine Hunde schnobend um ihn! Aber hier muss ich sitzen allein auf dem Felsen des verwachsenen Stroms. Der Strom und der Sturm saust, ich höre nicht die Stimme meines Geliebten.

schnobend
statt: schnobernd, schnuppernd

verwachsen
mit Pflanzen über- und zugewachsen

Warum zaudert mein Salgar? Hat er sein Wort vergessen? – Da ist der Fels und der Baum und hier der rauschende Strom! Mit einbrechender Nacht versprachst du hier zu sein; ach! wohin hat sich mein Salgar verirrt? Mit dir wollt' ich fliehen, verlassen Vater und Bruder, die Stolzen! Lange sind unsere Geschlechter Feinde, aber wir sind keine Feinde, o Salgar!

Schweig eine Weile, o Wind! still eine kleine Weile, o Strom! dass meine Stimme klinge durchs Tal, dass mein Wanderer mich höre. Salgar! ich bin's, die ruft! Hier ist der Baum und der Fels! Salgar! mein Lieber! hier bin ich; warum zauderst du zu kommen?

Sieh, der Mond erscheint, die Flut glänzt im Tale, die Felsen stehen grau den Hügel hinauf; aber ich seh ihn nicht auf der Höhe, seine Hunde vor ihm her verkündigen nicht seine Ankunft. Hier muss ich sitzen allein.

Aber wer sind, die dort unten liegen auf der Heide? – Mein Geliebter? Mein Bruder? – Redet, o meine Freunde! Sie antworten nicht. Wie geängstet ist meine Seele! – Ach, sie sind tot! Ihre Schwerter rot vom Gefechte! O mein Bruder, mein Bruder! warum hast du meinen Salgar erschlagen? O mein Salgar! warum hast du meinen Bruder erschlagen? Ihr wart mir beide so lieb! Oh, du warst schön an dem Hügel unter Tausenden! Er war schrecklich in der Schlacht. Antwortet mir! hört meine Stimme, meine Geliebten! Aber ach! sie sind stumm! stumm auf ewig! Kalt wie die Erde ist ihr Busen!

Oh, von dem Felsen des Hügels, von dem Gipfel des stürmenden Berges, redet, Geister der Toten! redet! mir soll es nicht grausen! – Wohin seid ihr zur Ruhe gegangen? In welcher Gruft des Gebirges soll ich euch finden? – Keine schwache Stimme vernehme ich im Winde, keine wehende Antwort im Sturme des Hügels. Ich sitze in meinem Jammer, ich harre auf den Morgen in meinen Tränen. Wühlet das Grab, ihr Freunde der Toten, aber schließt es nicht, bis ich komme. Mein Leben schwindet wie ein Traum; wie sollt ich zurückbleiben! Hier will ich wohnen mit meinen Freunden an dem Strome des klingenden Felsens – Wenn's Nacht wird auf dem Hügel und Wind kommt über die Heide, soll mein Geist im Winde stehn und trauern den Tod meiner Freunde. Der Jäger hört mich aus seiner Laube, fürchtet meine Stimme und liebt sie; denn süß soll meine Stimme sein um meine Freunde, sie waren mir beide so lieb!

Das war dein Gesang, o Minona, Tormans sanft errötende Tochter. Unsere Tränen flossen um Colma und unsere Seele ward düster.

Ullin trat auf mit der Harfe und gab uns Alpins Gesang – Alpins Stimme war freundlich, Rynos Seele ein Feuerstrahl. Aber schon ruhten sie im engen Hause und ihre Stimme war verhallet in Selma. Einst kehrte Ullin zurück von der Jagd, ehe die Helden noch fielen. Er hörte ihren Wettegesang auf dem Hügel. Ihr Lied war sanft, aber traurig. Sie klagten Morars Fall, des ersten der Helden. Seine Seele war wie Fingals Seele, sein Schwert wie das Schwert Oskars – Aber er fiel, und sein Vater jammerte und seiner Schwester Augen waren voll Tränen, Minonas Augen waren voll Tränen, der Schwester des herrlichen Morars. Sie trat zurück vor Ullins Gesang wie der Mond in Westen, der den Sturmregen voraussieht und sein schönes Haupt in eine Wolke verbirgt. – Ich schlug die Harfe mit Ullin zum Gesange des Jammers.

Ryno

Vorbei sind Wind und Regen, der Mittag ist so heiter, die Wolken teilen sich. Fliehend bescheint den Hügel die unbeständige Sonne. Rötlich fließt der Strom des Bergs im Tale hin. Süß ist dein Murmeln, Strom; doch süßer die Stimme, die ich höre. Es ist Alpins Stimme, er bejammert den Toten. Sein Haupt ist vor Alter gebeugt und rot sein tränendes Auge. Alpin, trefflicher Sänger, warum allein auf dem schweigenden Hügel? Warum jammerst du wie ein Windstoß im Walde, wie eine Welle am fernen Gestade?

Alpin

Meine Tränen, Ryno, sind für den Toten, meine Stimme für die Bewohner des Grabs. Schlank bist du auf dem Hügel, schön unter den Söhnen der Heide. Aber du wirst fallen wie Morar und auf deinem Grabe wird der Trauernde sitzen. Die Hügel werden dich vergessen, dein Bogen in der Halle liegt ungespannt.

Du warst schnell, o Morar, wie ein Reh auf dem Hügel, schrecklich wie die Nachtfeuer am Himmel. Dein Grimm war ein Sturm, dein Schwert in der Schlacht wie Wetterleuchten über der Heide. Deine Stimme glich dem Waldstrome nach dem Regen, dem Donner auf fernen Hügeln. Manche fielen vor deinem Arm, die Flamme deines Grimmes verzehrte sie. Aber wenn du wiederkehrtest vom Kriege, wie friedlich war deine Stirne! dein Angesicht war gleich der Sonne nach dem Gewitter, gleich dem Monde in der schweigenden Nacht, ruhig deine Brust wie der See, wenn sich des Windes Brausen gelegt hat.

Eng ist nun deine Wohnung, finster deine Stätte! Mit drei Schritten mess ich dein Grab, o du, der du ehe so groß warst! Vier Steine mit moosigen Häuptern sind dein einziges Gedächtnis; ein entblätterter Baum, langes Gras, das im Winde wispelt, deutet dem Auge des Jägers das Grab des mächtigen Morars. Keine Mutter hast du, dich zu beweinen, kein Mädchen mit Tränen der Liebe. Tot ist, die dich gebar, gefallen die Tochter von Morglan.

Wer auf seinem Stabe ist das? Wer ist es, dessen Haupt weiß ist vor Alter, dessen Augen rot sind von Tränen? Es ist dein Vater, o Morar, der Vater keines Sohnes außer dir. Er hörte von deinem Ruf in der Schlacht, er hörte von zerstobenen Feinden; er hörte Morars Ruhm! Ach! nichts von seiner Wunde? Weine, Vater Morars, weine! Aber dein Sohn hört dich nicht. Tief ist der Schlaf der Toten, niedrig ihr Kissen von Staube. Nimmer achtet er auf die

Stimme, nie erwacht er auf deinen Ruf. Oh,wann wird es Morgen im Grabe, zu bieten dem Schlummerer: Erwache!

Lebe wohl! edelster der Menschen, du Eroberer im Felde! Aber nimmer wird dich das Feld sehen! nimmer der düstere Wald leuchten vom Glanze deines Stahls. Du hinterließest keinen Sohn, aber der Gesang soll deinen Namen erhalten, künftige Zeiten sollen von dir hören, hören von dem gefallenen Morar. –

Laut war die Trauer der Helden, am lautesten Armins berstender Seufzer. Ihn erinnerte es an den Tod seines Sohnes, er fiel in den Tagen der Jugend. Carmor saß nah bei dem Helden, der Fürst des hallenden Galmal. ‚Warum schluchzet der Seufzer Armins?‘, sprach er, ‚was ist hier zu weinen? Klingt nicht Lied und Gesang, die Seele zu schmelzen und zu ergetzen? Sie sind wie sanfter Nebel, der steigend vom See aufs Tal sprüht, und die blühenden Blumen füllet das Nass; aber die Sonne kommt wieder in ihrer Kraft und der Nebel ist gegangen. Warum bist du so jammervoll, Armin, Herrscher des seeumflossenen Gorma?‘

‚Jammervoll! Wohl das bin ich und nicht gering die Ursache meines Wehs. – Carmor, du verlorst keinen Sohn, verlorst keine blühende Tochter; Colgar, der Tapfere, lebt und Annira, die schönste der Mädchen. Die Zweige deines Hauses blühen, o Carmor; aber Armin ist der Letzte seines Stammes. Finster ist dein Bett, o Daura! dumpf ist dein Schlaf in dem Grabe – Wann erwachst du mit deinen Gesängen, mit deiner melodischen Stimme? Auf, ihr Winde des Herbstes! auf, stürmt über die finstere Heide! Waldströme, braust! Heult, Stürme, im Gipfel der Eichen! Wandle durch gebrochene Wolken, o Mond, zeige wechselnd dein bleiches Gesicht! Erinnre mich der schrecklichen Nacht, da meine Kinder umkamen, da Arindal, der Mächtige, fiel, Daura, die Liebe, verging.

Daura, meine Tochter, du warst schön! schön, wie der Mond auf den Hügeln von Fura, weiß wie der gefallene Schnee, süß wie die atmende Luft! Arindal, dein Bogen war stark, dein Speer schnell auf dem Felde, dein Blick wie Nebel auf der Welle, dein Schild eine Feuerwolke im Sturme!

Armar, berühmt im Kriege, kam und warb um Dauras Liebe; sie widerstand nicht lange. Schön waren die Hoffnungen ihrer Freunde.

Erath, der Sohn Odgals, grollte, denn sein Bruder lag erschlagen von Armar. Er kam, in einen Schiffer verkleidet. Schön war sein Nachen auf der Welle, weiß seine Locken vor Alter, ruhig sein ernstes Gesicht. ‚Schönste der Mädchen‘, sagte er, ‚liebliche

Tochter von Armin, dort am Felsen, nicht fern in der See, wo die rote Frucht vom Baume herblinkt, dort wartet Armar auf Daura; ich komme, seine Liebe zu führen über die rollende See.‘

Sie folgt’ ihm und rief nach Armar; nichts antwortete als die Stimme des Felsens. ‚Armar! mein Lieber! mein Lieber! warum ängstest du mich so? Höre, Sohn Arnarths! höre! Daura ist’s, die dich ruft!‘

Erath, der Verräter, floh lachend zum Lande. Sie erhob ihre Stimme, rief nach ihrem Vater und Bruder: ‚Arindal! Armin! Ist keiner, seine Daura zu retten?‘

Ihre Stimme kam über die See. Arindal, mein Sohn, stieg vom Hügel herab, rau in der Beute der Jagd, seine Pfeile rasselten an seiner Seite, seinen Bogen trug er in der Hand, fünf schwarzgraue Doggen waren um ihn. Er sah den kühnen Erath am Ufer, fasste und band ihn an die Eiche, fest umflocht er seine Hüften, der Gefesselte füllte mit Ächzen die Winde.

Arindal betritt die Wellen in seinem Boote, Daura herüberzubringen. Armar kam in seinem Grimme, drückt’ ab den grau befiederten Pfeil, er klang, er sank in dein Herz, o Arindal, mein Sohn! Statt Eraths, des Verräters, kamst du um, das Boot erreichte den Felsen, er sank dran nieder und starb. Zu deinen Füßen floss deines Bruders Blut, welch war dein Jammer, o Daura!

Die Wellen zerschmettern das Boot. Armar stürzt sich in die See, seine Daura zu retten oder zu sterben. Schnell stürmte ein Stoß vom Hügel in die Wellen, er sank und hob sich nicht wieder.

Allein auf dem seebespülten Felsen hört’ ich die Klagen meiner Tochter. Viel und laut war ihr Schreien, doch konnte sie ihr Vater nicht retten. Die ganze Nacht stand ich am Ufer, ich sah sie im schwachen Strahle des Mondes, die ganze Nacht hört’ ich ihr Schreien, laut war der Wind, und der Regen schlug scharf nach der Seite des Berges. Ihre Stimme ward schwach, ehe der Morgen erschien, sie starb weg wie die Abendluft zwischen dem Grase der Felsen. Beladen mit Jammer starb sie und ließ Armin allein! Dahin ist meine Stärke im Kriege, gefallen mein Stolz unter den Mädchen.

Wenn die Stürme des Berges kommen, wenn der Nord die Wellen hochhebt, sitze ich am schallenden Ufer, schaue nach dem schrecklichen Felsen. Oft im sinkenden Monde sehe ich die Geister meiner Kinder, halb dämmernd wandeln sie zusammen in trauriger Eintracht.‘“

Ein Strom von Tränen, der aus Lottens Augen brach und ihrem gepressten Herzen Luft machte, hemmte Werthers Gesang. Er warf das Papier hin, fasste ihre Hand und weinte die bittersten

Tränen. Lotte ruhte auf der andern und verbarg ihre Augen ins Schnupftuch. Die Bewegung beider war fürchterlich. Sie fühlten ihr eigenes Elend in dem Schicksale der Edlen, fühlten es zusammen und ihre Tränen vereinigten sie. Die Lippen und Augen Werthers glühten an Lottens Arme; ein Schauer überfiel sie; sie wollte sich entfernen und Schmerz und Anteil lagen betäubend wie Blei auf ihr. Sie atmete, sich zu erholen, und bat ihn schluchzend fortzufahren, bat mit der ganzen Stimme des Himmels! Werther zitterte, sein Herz wollte bersten, er hob das Blatt auf und las halb gebrochen:

„Warum weckst du mich, Frühlingsluft? Du buhlst und sprichst: Ich betaue mit Tropfen des Himmels! Aber die Zeit meines Welkens ist nahe, nahe der Sturm, der meine Blätter herabstört! Morgen wird der Wanderer kommen, kommen der mich sah in meiner Schönheit, ringsum wird sein Auge im Felde mich suchen und wird mich nicht finden. –“

Die ganze Gewalt dieser Worte fiel über den Unglücklichen. Er warf sich vor Lotten nieder in der vollen Verzweifelung, fasste ihre Hände, drückte sie in seine Augen, wider seine Stirn, und ihr schien eine Ahnung seines schrecklichen Vorhabens durch die Seele zu fliegen. Ihre Sinne verwirrten sich, sie drückte seine Hände, drückte sie wider ihre Brust, neigte sich mit einer wehmütigen Bewegung zu ihm und ihre glühenden Wangen berührten sich. Die Welt verging ihnen. Er schlang seine Arme um sie her, presste sie an seine Brust und deckte ihre zitternden, stammelnden Lippen mit wütenden Küssen. – „Werther!“, rief sie mit erstickter Stimme, sich abwendend, „Werther!“, und drückte mit schwacher Hand seine Brust von der ihrigen; – „Werther!“, rief sie mit dem gefassten Tone des edelsten Gefühles. – Er widerstand nicht, ließ sie aus seinen Armen und warf sich unsinnig vor sie hin. – Sie riss sich auf, und in ängstlicher Verwirrung, bebend zwischen Liebe und Zorn, sagte sie: „Das ist das letzte Mal! Werther! Sie sehn mich nicht wieder.“ – Und mit dem vollsten Blick der Liebe auf den Elenden eilte sie ins Nebenzimmer und schloss hinter sich zu. – Werther streckte ihr die Arme nach, getraute sich nicht, sie zu halten. Er lag an der Erde, den Kopf auf dem Kanapee, und in dieser Stellung blieb er über eine halbe Stunde, bis ihn ein Geräusch zu sich selbst rief. Es war das Mädchen, das den Tisch decken wollte. Er ging im Zimmer auf und ab, und da er sich wieder allein sah, ging er zur Türe des Kabinetts und rief mit leiser Stimme: „Lotte! Lotte! Nur noch *ein* Wort! Ein Lebewohl!“ – Sie schwieg. – Er harrte und bat und harrte; dann riss er sich weg und rief: „Lebe wohl, Lotte! Auf ewig lebe wohl!“

Er kam ans Stadttor. Die Wächter, die ihn schon gewohnt waren, ließen ihn stillschweigend hinaus. Es stiebte zwischen Regen und Schnee, und erst gegen eilfe klopfte er wieder. Sein Diener bemerkte, als Werther nach Hause kam, dass seinem Herrn der Hut fehlte. Er getraute sich nicht, etwas zu sagen, entkleidete ihn, alles war nass. Man hat nachher den Hut auf einem Felsen, der an dem Abhange des Hügels ins Tal sieht, gefunden, und es ist unbegreiflich, wie er ihn in einer finstern, feuchten Nacht, ohne zu stürzen, erstiegen hat.

Er legte sich zu Bette und schlief lange. Der Bediente fand ihn schreibend, als er ihm den andern Morgen auf sein Rufen den Kaffee brachte. Er schrieb Folgendes am Briefe an Lotten:

„Zum letzten Male denn, zum letzten Male schlage ich diese Augen auf. Sie sollen, ach, die Sonne nicht mehr sehen, ein trüber neblichter Tag hält sie bedeckt. So traure denn, Natur! dein Sohn, dein Freund, dein Geliebter naht sich seinem Ende. Lotte, das ist ein Gefühl ohnegleichen und doch kommt es dem dämmernden Traum am nächsten, zu sich zu sagen: Das ist der letzte Morgen. Der letzte! Lotte, ich habe keinen Sinn für das Wort: der letzte! Stehe ich nicht da in meiner ganzen Kraft und morgen liege ich ausgestreckt und schlaff am Boden. Sterben! Was heißt das? Siehe, wir träumen, wenn wir vom Tode reden. Ich habe manchen sterben sehen; aber so eingeschränkt ist die Menschheit, dass sie für ihres Daseins Anfang und Ende keinen Sinn hat. Jetzt noch mein, dein! dein, o Geliebte! Und einen Augenblick – getrennt, geschieden – vielleicht auf ewig? – Nein, Lotte, nein – Wie kann ich vergehen? wie kannst du vergehen? Wir *sind* ja! – Vergehen! – Was heißt das? Das ist wieder ein Wort, ein leerer Schall, ohne Gefühl für mein Herz. – Tot, Lotte! eingescharrt der kalten Erde, so eng! so finster! – Ich hatte eine Freundin, die mein alles war meiner hülflosen Jugend; sie starb, und ich folgte ihrer Leiche und stand an dem Grabe, wie sie den Sarg hinunterließen und die Seile schnurrend unter ihm weg und wieder heraufschnellten, dann die erste Schaufel hinunterschollerte und die ängstliche Lade einen dumpfen Ton wiedergab und dumpfer und immer dumpfer und endlich bedeckt war! – Ich stürzte neben das Grab hin – ergriffen, erschüttert, geängstet, zerrissen mein Innerstes, aber ich wusste nicht, wie mir geschah – wie mir geschehen wird – Sterben! Grab! Ich verstehe die Worte nicht!

O vergib mir! vergib mir! Gestern! Es hätte der letzte Augenblick meines Lebens sein sollen. O du Engel! Zum ersten Male, zum ersten Male ganz ohne Zweifel durch mein innig Innerstes durchglühte mich das Wonnegefühl: Sie liebt mich! Sie liebt mich! Es brennt noch auf meinen Lippen das heilige Feuer, das von den deinigen strömte, neue warme Wonne ist in meinem Herzen. Vergib mir! vergib mir!

Ach, ich wusste, dass du mich liebtest, wusste es an den ersten seelenvollen Blicken, an dem ersten Händedruck und doch, wenn ich wieder weg war, wenn ich Alberten an deiner Seite sah, verzagte ich wieder in fieberhaften Zweifeln.

Erinnerst du dich der Blumen, die du mir schicktest, als du in jener fatalen Gesellschaft mir kein Wort sagen, keine Hand reichen konntest? oh, ich habe die halbe Nacht davor gekniet und sie versiegelten mir deine Liebe. Aber ach! diese Eindrücke gingen vorüber, wie das Gefühl der Gnade seines Gottes allmählich wieder aus der Seele des Gläubigen weicht, die ihm mit ganzer Himmelsfülle in heiligen sichtbaren Zeichen gereicht ward.

Alles das ist vergänglich, aber keine Ewigkeit soll das glühende Leben auslöschen, das ich gestern auf deinen Lippen genoss, das ich in mir fühle! Sie liebt mich! Dieser Arm hat sie umfasst, diese Lippen haben auf ihren Lippen gezittert, dieser Mund hat an dem ihrigen gestammelt. Sie ist mein! du bist mein! ja, Lotte, auf ewig.

Und was ist das, dass Albert dein Mann ist? Mann! Das wäre denn für diese Welt – und für diese Welt Sünde, dass ich dich liebe, dass ich dich aus seinen Armen in die meinigen reißen möchte? Sünde? Gut, und ich strafe mich dafür; ich habe sie in ihrer ganzen Himmelswonne geschmeckt, diese Sünde, habe Lebensbalsam und Kraft in mein Herz gesaugt. Du bist von diesem Augenblicke mein! mein, o Lotte! Ich gehe voran! gehe zu meinem Vater, zu deinem Vater. Dem will ich's klagen und er wird mich trösten, bis du kommst, und ich fliege dir entgegen und fasse dich und bleibe bei dir vor dem Angesichte des Unendlichen in ewigen Umarmungen.

Ich träume nicht, ich wähne nicht! Nahe am Grabe wird mir es heller. Wir werden sein! wir werden uns wieder sehen! Deine Mutter sehen! Ich werde sie sehen, werde sie finden, ach, und vor ihr mein ganzes Herz ausschütten! Deine Mutter, dein Ebenbild."

Gegen eilfe fragte Werther seinen Bedienten, ob wohl Albert zurückgekommen sei? Der Bediente sagte: Ja, er habe dessen Pferd dahinführen sehen. Drauf gibt ihm der Herr ein offenes Zettelchen des Inhalts:

„Wollten Sie mir wohl zu einer vorhabenden Reise Ihre Pistolen leihen? Leben Sie recht wohl!“

Die liebe Frau hatte die letzte Nacht wenig geschlafen; was sie gefürchtet hatte, war entschieden, auf eine Weise entschieden, die sie weder ahnen noch fürchten konnte. Ihr sonst so rein und leicht fließendes Blut war in einer fieberhaften Empörung, tausenderlei Empfindungen zerrütteten das schöne Herz. War es das Feuer von Werthers Umarmungen, das sie in ihrem Busen fühlte? War es Unwille über seine Verwegenheit? War es eine unmutige Vergleichung ihres gegenwärtigen Zustandes mit jenen Tagen ganz unbefangener freier Unschuld und sorglosen Zutrauens an sich selbst? Wie sollte sie ihrem Manne entgegengehen, wie ihm eine Szene bekennen, die sie so gut gestehen durfte und die sie sich doch zu gestehen nicht getraute? Sie hatten so lange gegen einander geschwiegen, und sollte sie die Erste sein, die das Stillschweigen bräche und eben zur unrechten Zeit ihrem Gatten eine so unerwartete Entdeckung machte? Schon fürchtete sie, die bloße Nachricht von Werthers Besuch werde ihm einen unangenehmen Eindruck machen, und nun gar diese unerwartete Katastrophe! Konnte sie wohl hoffen, dass ihr Mann sie ganz im rechten Lichte sehen, ganz ohne Vorurteil aufnehmen würde? Und konnte sie wünschen, dass er in ihrer Seele lesen möchte? Und doch wieder, konnte sie sich verstellen gegen den Mann, vor dem sie immer wie ein kristallhelles Glas offen und frei gestanden und dem sie keine ihrer Empfindungen jemals verheimlicht noch verheimlichen können? Eins und das andre machte ihr Sorgen und setzte sie in Verlegenheit; und immer kehrten ihre Gedanken wieder zu Werthern, der für sie verloren war, den sie nicht lassen konnte, den sie – leider! – sich selbst überlassen musste und dem, wenn er sie verloren hatte, nichts mehr übrig blieb.

Wie schwer lag jetzt, was sie sich in dem Augenblick nicht deutlich machen konnte, die Stockung auf ihr, die sich unter ihnen festgesetzt hatte! So verständige, so gute Menschen fingen wegen gewisser heimlicher Verschiedenheiten untereinander zu schweigen an, jedes dachte seinem Recht und dem Unrechte des andern nach, und die Verhältnisse verwickelten und verhetzten sich dergestalt, dass es unmöglich ward, den Knoten eben in dem kritischen Momente, von dem alles abhing, zu lösen. Hätte eine glückliche Vertraulichkeit sie früher wieder einander näher gebracht, wäre Liebe und Nachsicht wechselsweise unter ihnen lebendig worden und hätte ihre Herzen aufgeschlossen, vielleicht wäre unser Freund noch zu retten gewesen.

Noch ein sonderbarer Umstand kam dazu. Werther hatte, wie wir aus seinen Briefen wissen, nie ein Geheimnis daraus gemacht, dass er sich diese Welt zu verlassen sehnte. Albert hatte ihn oft bestritten, auch war zwischen Lotten und ihrem Mann manchmal die Rede davon gewesen. Dieser, wie er einen entschiedenen Widerwillen gegen die Tat empfand, hatte auch gar oft mit einer Art von Empfindlichkeit, die sonst ganz außer seinem Charakter lag, zu erkennen gegeben, dass er an dem Ernst eines solchen Vorsatzes sehr zu zweifeln Ursach finde, er hatte sich sogar darüber einigen Scherz erlaubt und seinen Unglauben Lotten mitgeteilt. Dies beruhigte sie zwar von einer Seite, wenn ihre Gedanken ihr das traurige Bild vorführten, von der andern aber fühlte sie sich auch dadurch gehindert, ihrem Manne die Besorgnisse mitzuteilen, die sie in dem Augenblicke quälten.

Albert kam zurück und Lotte ging ihm mit einer verlegenen Hastigkeit entgegen, er war nicht heiter, sein Geschäft war nicht vollbracht, er hatte an dem benachbarten Amtmanne einen unbiegsamen, kleinsinnigen Menschen gefunden. Der üble Weg auch hatte ihn verdrießlich gemacht.

Er fragte, ob nichts vorgefallen sei, und sie antwortete mit Übereilung: Werther sei gestern abends da gewesen. Er fragte, ob Briefe gekommen, und er erhielt zur Antwort, dass ein Brief und Pakete auf seiner Stube lägen. Er ging hinüber und Lotte blieb allein. Die Gegenwart des Mannes, den sie liebte und ehrte, hatte einen neuen Eindruck in ihr Herz gemacht. Das Andenken seines Edelmuts, seiner Liebe und Güte hatte ihr Gemüt mehr beruhigt, sie fühlte einen heimlichen Zug, ihm zu folgen, sie nahm ihre Arbeit und ging auf sein Zimmer, wie sie mehr zu tun pflegte. Sie fand ihn beschäftigt, die Pakete zu erbrechen und zu lesen. Einige schienen nicht das Angenehmste zu enthalten. Sie tat einige Fragen an ihn, die er kurz beantwortete, und sich an den Pult stellte, zu schreiben.

Sie waren auf diese Weise eine Stunde nebeneinander gewesen, und es ward immer dunkler in Lottens Gemüt. Sie fühlte, wie schwer es ihr werden würde, ihrem Mann, auch wenn er bei dem besten Humor wäre, das zu entdecken, was ihr auf dem Herzen lag; sie verfiel in eine Wehmut, die ihr um desto ängstlicher ward, als sie solche zu verbergen und ihre Tränen zu verschlucken suchte.

Knabe übliche Bezeichnung für Diener

Die Erscheinung von Werthers Knaben setzte sie in die größte Verlegenheit; er überreichte Alberten das Zettelchen, der sich gelassen nach seiner Frau wendete und sagte: „Gib ihm die Pistolen." – „Ich lasse ihm glückliche Reise wünschen", sagte er zum

Jungen. – Das fiel auf sie wie ein Donnerschlag, sie schwankte aufzustehen, sie wusste nicht, wie ihr geschah. Langsam ging sie nach der Wand; zitternd nahm sie das Gewehr herunter, putzte den Staub ab und zauderte und hätte noch lange gezögert, wenn nicht Albert durch einen fragenden Blick sie gedrängt hätte. Sie gab das unglückliche Werkzeug dem Knaben, ohne ein Wort vorbringen zu können, und als der zum Hause hinaus war, machte sie ihre Arbeit zusammen, ging in ihr Zimmer, in dem Zustande der unaussprechlichsten Ungewissheit. Ihr Herz weissagte ihr alle Schrecknisse. Bald war sie im Begriffe, sich zu den Füßen ihres Mannes zu werfen, ihm alles zu entdecken, die Geschichte des gestrigen Abends, ihre Schuld und ihre Ahnungen. Dann sah sie wieder keinen Ausgang des Unternehmens, am wenigsten konnte sie hoffen, ihren Mann zu einem Gange nach Werthern zu bereden. Der Tisch ward gedeckt, und eine gute Freundin, die nur etwas zu fragen kam, gleich gehen wollte – und blieb, machte die Unterhaltung bei Tische erträglich; man zwang sich, man redete, man erzählte, man vergaß sich.

Der Knabe kam mit den Pistolen zu Werthern, der sie ihm mit Entzücken abnahm, als er hörte, Lotte habe sie ihm gegeben. Er ließ sich Brot und Wein bringen, hieß den Knaben zu Tische gehen und setzte sich nieder, zu schreiben.

„Sie sind durch deine Hände gegangen, du hast den Staub davon geputzt, ich küsse sie tausendmal, du hast sie berührt! Und du, Geist des Himmels, begünstigst meinen Entschluss und du, Lotte, reichst mir das Werkzeug, du, von deren Händen ich den Tod zu empfangen wünschte, und ach! nun empfange. Oh, ich habe meinen Jungen ausgefragt. Du zittertest, als du sie ihm reichtest, du sagtest kein Lebewohl! – Wehe! wehe! kein Lebewohl! – Solltest du dein Herz für mich verschlossen haben, um des Augenblicks willen, der mich ewig an dich befestigte? Lotte, kein Jahrtausend vermag den Eindruck auszulöschen! und ich fühle es, du kannst den nicht hassen, der so für dich glüht."

Nach Tische hieß er den Knaben alles vollends einpacken, zerriss viele Papiere, ging aus und brachte noch kleine Schulden in Ordnung. Er kam wieder nach Hause, ging wieder aus vors Tor, ungeachtet des Regens, in den gräflichen Garten, schweifte weiter in der Gegend umher und kam mit anbrechender Nacht zurück und schrieb.

„Wilhelm, ich habe zum letzten Male Feld und Wald und den Himmel gesehen. Lebe wohl auch du! Liebe Mutter, verzeiht mir! Tröste sie, Wilhelm! Gott segne euch! Meine Sachen sind alle in Ordnung. Lebt wohl! wir sehen uns wieder und freudiger.“

„Ich habe dir übel gelohnt, Albert, und du vergibst mir. Ich habe den Frieden deines Hauses gestört, ich habe Misstrauen zwischen euch gebracht. Lebe wohl! ich will es enden. O dass ihr glücklich wäret durch meinen Tod! Albert! Albert! Mache den Engel glücklich! Und so wohne Gottes Segen über dir!“

Er kramte den Abend noch viel in seinen Papieren, zerriss vieles und warf es in den Ofen, versiegelte einige Päcke mit den Adressen an Wilhelm. Sie enthielten kleine Aufsätze, abgerissene Gedanken, deren ich verschiedene gesehen habe; und nachdem er um zehn Uhr Feuer hatte nachlegen und sich eine Flasche Wein geben lassen, schickte er den Bedienten, dessen Kammer wie auch die Schlafzimmer der Hausleute weit hinten hinaus waren, zu Bette, der sich dann in seinen Kleidern niederlegte, um frühe bei der Hand zu sein; denn sein Herr hatte gesagt, die Postpferde würden vor sechse vors Haus kommen.

„Nach eilfe.

Alles ist so still um mich her und so ruhig meine Seele. Ich danke dir, Gott, der du diesen letzten Augenblicken diese Wärme, diese Kraft schenkest.

Ich trete an das Fenster, meine Beste, und sehe und sehe noch durch die stürmenden, vorüberfliehenden Wolken einzelne Sterne des ewigen Himmels! Nein, ihr werdet nicht fallen! der Ewige trägt euch an seinem Herzen und mich. Ich sehe die Deichselsterne des Wagens, des Liebsten unter allen Gestirnen. Wenn ich nachts von dir ging, wie ich aus deinem Tore trat, stand er gegen mir über. Mit welcher Trunkenheit habe ich ihn oft angesehen, oft mit aufgehobenen Händen ihn zum Zeichen, zum heiligen Merksteine meiner gegenwärtigen Seligkeit gemacht! und noch – O Lotte, was erinnert mich nicht an dich! umgibst du mich nicht! und habe ich nicht, gleich einem Kinde, ungenügsam allerlei Kleinigkeiten zu mir gerissen, die du Heilige berührt hattest!

Liebes Schattenbild! Ich vermache dir es zurück, Lotte, und bitte dich, es zu ehren. Tausend, tausend Küsse habe ich darauf gedrückt, tausend Grüße ihm zugewinkt, wenn ich ausging oder nach Hause kam.

Ich habe deinen Vater in einem Zettelchen gebeten, meine Leiche zu schützen. Auf dem Kirchhofe sind zwei Lindenbäume, hinten in der Ecke nach dem Felde zu; dort wünsche ich zu ruhen. Er kann, er wird das für seinen Freund tun. Bitte ihn auch. Ich will frommen Christen nicht zumuten, ihren Körper neben einen armen Unglücklichen zu legen. Ach, ich wollte, ihr begrübt mich am Wege oder im einsamen Tale, dass Priester und Levit vor dem →
bezeichneten Steine sich segnend vorübergingen und der Samariter eine Träne weinte.

Hier, Lotte! Ich schaudre nicht, den kalten, schrecklichen Kelch zu fassen, aus dem ich den Taumel des Todes trinken soll! Du reichtest mir ihn und ich zage nicht. All! all! So sind alle die Wünsche und Hoffnungen meines Lebens erfüllt! So kalt, so starr an der ehernen Pforte des Todes anzuklopfen.

Dass ich des Glückes hätte teilhaftig werden können, für *dich* zu sterben! Lotte, für *dich* mich hinzugeben! Ich wollte mutig, ich wollte freudig sterben, wenn ich dir die Ruhe, die Wonne deines Lebens wieder schaffen könnte. Aber ach! das ward nur wenigen Edeln gegeben, ihr Blut für die Ihrigen zu vergießen und durch ihren Tod ein neues, hundertfältiges Leben ihren Freunden anzufachen.

In diesen Kleidern, Lotte, will ich begraben sein, du hast sie berührt, geheiligt; ich habe auch deinen Vater darum gebeten. Meine Seele schwebt über dem Sarge. Man soll meine Taschen nicht aussuchen. Diese blassrote Schleife, die du am Busen hattest, als ich dich zum ersten Male unter deinen Kindern fand – Oh, küsse sie tausendmal und erzähle ihnen das Schicksal ihres unglücklichen Freundes. Die Lieben! sie wimmeln um mich. Ach wie ich mich an dich schloss! seit dem ersten Augenblicke dich nicht lassen konnte! – Diese Schleife soll mit mir begraben werden. An meinem Geburtstage schenktest du sie mir! Wie ich das alles verschlang! – Ach, ich dachte nicht, dass mich der Weg hierher führen sollte! – Sei ruhig! ich bitte dich, sei ruhig! –

Sie sind geladen – Es schlägt zwölfe! So sei es denn! – Lotte! Lotte, lebe wohl! lebe wohl!“

Ein Nachbar sah den Blick vom Pulver und hörte den Schuss fallen; da aber alles stille blieb, achtete er nicht weiter darauf.

Blick Blitz

Morgens um sechse tritt der Bediente herein mit dem Lichte. Er findet seinen Herrn an der Erde, die Pistole und Blut. Er ruft, er fasst ihn an; keine Antwort, er röchelt nur noch. Er läuft nach den

Ärzten, nach Alberten. Lotte hört die Schelle ziehen, ein Zittern ergreift alle ihre Glieder. Sie weckt ihren Mann, sie stehen auf, der Bediente bringt heulend und stotternd die Nachricht, Lotte sinkt ohnmächtig vor Alberten nieder.

Als der Medikus zu dem Unglücklichen kam, fand er ihn an der Erde ohne Rettung, der Puls schlug, die Glieder waren alle gelähmt. Über dem rechten Auge hatte er sich durch den Kopf geschossen, das Gehirn war herausgetrieben. Man ließ ihm zum Überfluss eine Ader am Arme, das Blut lief, er holte noch immer Atem.

Aus dem Blut auf der Lehne des Sessels konnte man schließen, er habe sitzend vor dem Schreibtische die Tat vollbracht, dann ist er heruntergesunken, hat sich konvulsivisch um den Stuhl herumgewälzt. Er lag gegen das Fenster entkräftet auf dem Rücken, war in völliger Kleidung, gestiefelt, im blauen Frack mit gelber Weste.

Das Haus, die Nachbarschaft, die Stadt kam in Aufruhr. Albert trat herein. Werthern hatte man auf das Bett gelegt, die Stirn verbunden, sein Gesicht schon wie eines Toten, er rührte kein Glied. Die Lunge röchelte noch fürchterlich, bald schwach, bald stärker; man erwartete sein Ende.

Von dem Weine hatte er nur ein Glas getrunken. „Emilia Galotti“ lag auf dem Pulte aufgeschlagen.

Von Alberts Bestürzung, von Lottens Jammer lasst mich nichts sagen.

Der alte Amtmann kam auf die Nachricht hereingesprengt, er küsste den Sterbenden unter den heißesten Tränen. Seine ältesten Söhne kamen bald nach ihm zu Fuße, sie fielen neben dem Bette nieder im Ausdruck des unbändigsten Schmerzens, küssten ihm die Hände und den Mund, und der Älteste, den er immer am meisten geliebt, hing an seinen Lippen, bis er verschieden war und man den Knaben mit Gewalt wegriss. Um zwölfe mittags starb er. Die Gegenwart des Amtmannes und seine Anstalten tuschten einen Auflauf. Nachts gegen eilfe ließ er ihn an die Stätte begraben, die er sich erwählt hatte. Der Alte folgte der Leiche und die Söhne, Albert vermocht's nicht. Man fürchtete für Lottens Leben. Handwerker trugen ihn. Kein Geistlicher hat ihn begleitet.

tuschen vertuschen, beschwichtigen

J. W. von Goethe
(1749–1832)

Jahr	Ort	Ereignis	Alter
1749	28. August Frankfurt am Main	Johann Wolfgang Goethe wird als Sohn des Kaiserlichen Rates Dr. jur. Johann Kaspar Goethe, Sohn eines Schneiders, und Katharina Elisabeth, geb. Textor, Tochter des Schultheißen, in Frankfurt am Main, im Haus „Zu den drei Leiern" am Großen Hirschgraben geboren. Die Familie ist wohlhabend; der Reichtum stammt vom Großvater.	
1750	Frankfurt am Main	Geburt von Goethes Schwester Cornelia Friederike Christiana.	1
1753	Frankfurt am Main	Die Großmutter schenkt den Kindern zu Weihnachten ein Puppentheater.	4
1759–1763	Frankfurt am Main	Während der französischen Besetzung Frankfurts besucht Goethe das französische Theater.	10–14
1765	Leipzig	Goethe studiert Jura, hört aber auch Vorlesungen zur Literatur und lernt Gellert sowie Gottsched kennen; Liebe zu Käthchen Schönkopf, der Tochter eines Zinngießers.	16
1768	Frankfurt am Main	Goethe kehrt nach einem Blutsturz krank nach Hause zurück. Er verkehrt im pietistischen Kreis der Susanna Katharina von Klettenberg und liest Wieland, Shakespeare u. a.	19

Jahr	Ort	Ereignis	Alter
1770	Straßburg	Goethe setzt sein Jurastudium fort und schließt es als Lizentiat der Rechte ab, was ihm ermöglicht, als Advokat zugelassen zu werden. Er lernt Herder und Dichter des Sturm und Drang kennen (u. a. Lenz). Im Straßburger Kreis um Herder werden ihm Pindar, Homer, die englische Dichtung, voran Shakespeare und Ossian, Hamann und die Volkspoesie nahegebracht. Er begeistert sich für die Gotik des Straßburger Münsters.	21
	Sesenheim	Kurz vor dem 15. Oktober: Besuch bei Friederike Brion. Er verliebt sich in die Pfarrerstochter von Sesenheim; Mai bis Juni in Sesenheim; am 7. August Abschied ohne Erklärung.	21
1771	Straßburg	Frühling, Sommer: Goethe sammelt, Herders Anregung folgend, Volksballaden.	21
	Frankfurt am Main	Rückkehr nach Hause.	
	Frankfurt am Main	Goethe hält seine berühmte Rede *Zum Schäkespears Tag*; Prozess gegen die Kindsmörderin Susanna Margaretha Brandt.	22
1772	Wetzlar	Goethe als Praktikant am Reichskammergericht – die Eintragung in die Liste der Rechtspraktikanten am 25. Mai ist der einzige Nachweis seiner Tätigkeit; er verliebt sich in Charlotte Buff, der er bei einem Ball am 9. Juni in Volpertshausen begegnet.	23
	Ehrenbreitenstein	Goethe geht ohne Abschied aus Wetzlar fort, fährt am 11. September zu Maximiliane, der Tochter von Marie Sophie von La Roche, deren Roman *Geschichte des Fräuleins von Sternheim* (1771) Goethe beeinflusst.	23
	Frankfurt am Main	Rückkehr nach Hause; November: Der Selbstmord des juristischen Kollegen Jerusalem (30. Oktober 1772) geht in den Plan zum *Werther*-Roman ein.	23
1773	Wetzlar	Charlotte Buff und Johann Christian Kestner heiraten am 4. April.	23
1774	Frankfurt am Main	1. Februar: Beginn der Arbeit am *Werther*; Abschluss nach vier Wochen.	24
	Frankfurt am Main	Knebel vermittelt Goethes Bekanntschaft mit dem Erbprinzen Karl August von Sachsen-Weimar-Eisenach. Klopstock besucht ihn. Nach dem Erscheinen des Romans *Die Leiden des jungen Werthers* wird Goethe berühmt.	25

Jahr	Ort	Ereignis	Alter
1775	Frankfurt am Main	Liebe und Verlobung mit Lili Schönemann; brieflich sich äußernde Liebe zur Gräfin Auguste von Stolberg.	26
	Schweiz	Erste Reise in die Schweiz mit den Grafen zu Stolberg und von Haugwitz; sie tragen Werther-Kleidung.	
	Frankfurt	Lenz besucht Goethes Freund Friedrich Maximilian Klinger, der mit dem Stück *Sturm und Drang* der Literaturepoche ihren Namen gab, in Frankfurt. Klinger reitet ihm in Werther-Kleidung entgegen.	26
	Weimar	Abreise am 30. Oktober, nachdem Karl August am 3. September die Regierung angetreten hat; Ankunft am 7. November.	26
1776	Weimar	Geheimer Legationsrat mit Sitz und Stimme im Geheimen Conseil; tritt am 25. Juni in den Staatsdienst. Liebe zu Charlotte von Stein.	26
1777	Harz	Erste Harzreise, der 1783 bis 1789 weitere folgen.	28
1779	Weimar	Übernahme weiterer Aufgaben, u. a. Kriegskommission; er wird zum Geheimen Rat ernannt.	30
	Schweiz	Zweite Reise.	
1781	Weimar	Naturwissenschaftliche Studien.	32
1782	Weimar	Goethe wird geadelt; sein Vater stirbt.	33
1784	Weimar	Goethe findet den Zwischenkieferknochen beim Menschen.	35
1786	Karlsbad	Sommer in Karlsbad; heimlich flieht er von dort nach Italien und kommt am 29. Oktober in Rom an. Italienische Reise.	37
1787	Leipzig	*Leiden des jungen Werther*: Die zweite Fassung erscheint im ersten Band von *Goethes Schriften*.	38
1788	Weimar	Rückkehr; er lernt Christiane Vulpius kennen und lebt von nun an zum Entsetzen des Weimarer Adels mit ihr zusammen.	39
1789	Weimar	Goethes Sohn August wird geboren; er stirbt 1830 in Rom und wird dort beerdigt.	40
1790	Italien	Zwischen März und Juni die zweite Italienreise; nach Schlesien in Begleitung Karl Augusts, der als General in Preußens Diensten steht.	40

Jahr	Ort	Ereignis	Alter
1791	Weimar	Bis 1817 Direktor des Hoftheaters; Materialsammlung zur *Farbenlehre*.	42
1792	Frankreich	Bis 1793 Feldzug; Belagerung von Mainz.	43
1794	Weimar, Jena	Beginn der Freundschaft mit Schiller.	45
1797	Schweiz	Dritte Reise.	48
1799	Weimar	Im Dezember siedelt Schiller von Jena nach Weimar über.	50
1803	Weimar	Friedrich Wilhelm Riemer wird Hauslehrer von Goethes Sohn und Goethes Sekretär. Er heiratet 1814 Christianes Gesellschafterin Caroline Ulrich, die seit 1809 in Goethes Haus wohnt und die der Dichter liebt.	54
1805		9. Mai: Tod Schillers; Freundschaft mit Zelter.	56
1806	Jena	14. Oktober: Schlacht bei Jena und Auerstädt; das Heilige Römische Reich Deutscher Nation geht unter. Die Franzosen plündern Weimar, Goethes Haus bleibt dank des Einsatzes von Christiane verschont. Am 19. Oktober lässt sich Goethe mit Christiane trauen.	57
1807	Weimar	Liebe zu Minna Herzlieb.	58
1808	Weimar	Auf dem Fürstentag treffen Napoleon und Goethe zusammen und sprechen über den *Werther*.	59
1814	Rhein und Main	Reisen; Liebe zu Marianne von Willemer.	65
1816	Weimar	6. Juni: Tod Christianes; 22. September: Charlotte Kestner, geb. Buff, in Weimar und am 25. September Wiedersehen mit Goethe (vgl. hierzu Thomas Mann *Lotte in Weimar*, 1939). Goethe liest nochmals den *Werther*.	67
1823	Weimar	Johann Peter Eckermann besucht Goethe. Er wird Mitarbeiter und Nachfolger Riemers. Reise nach Marienbad und Eger. Goethe verliebt sich in Ulrike von Levetzow.	74
1828	Weimar	Der Großherzog Karl August stirbt.	79
1832	Weimar	22. März: Tod Goethes in seinem 83. Lebensjahr.	83

WORT- UND SACHERKLÄRUNGEN

Titel: Werther/Werthers Beide Formen des Titels sind richtig: Die Erstausgabe 1774 hatte den Genitiv mit s. Bei der Jubiläumsausgabe 1824 verzichteten Goethe und der Verlag auf diese Form und setzten die modernere, undeklinierte Form *Werther* ein. Sie wurde schließlich auch für die zweite Fassung von 1787 verwendet, die zuerst mit dem alten Titel erschienen war.

7 **Melusine** Eine Meerfee der frz. Sage, die in ihrer Nixengestalt überrascht wurde.

8 **geringen Leute … Leute von einigem Stande** Werther beschreibt die ständische Gliederung (Ständebaum), die streng hierarchisch ist. Indem er sie nicht einhält, bereitet sich der Konflikt mit der adligen Gesellschaft vor.

Kringen Tragring, ringförmiges Polster, verwandt mit: Kringel (kleiner Kreis).

9 **Batteux** Rationalistischer Theoretiker, 1713–1780, Hauptwerk: *Principes de la littérature*.

Wood Zeitgenosse Batteux', lebte von 1716 bis 1771, verfasste *An Essay On The Original Genius und Writings of Homer*.

de Piles Verfasser theoretischer Schriften über die Malerei, lebte von 1635 bis 1709.

Winckelmann Führender Ästhetiker des 18. Jhdts., 1717 bis 1768, Hauptwerk: *Gedanken über die Nachahmung der griechischen Werke*.

Sulzer 1720–1779, schrieb *Allgemeine Theorie der Schönen Künste*.

Heyne 1729–1812, klassischer Philologe, Deuter des Griechentums wie Winckelmann.

10 **brav** Modewort des ausgehenden 18. Jahrhunderts, in Zitaten (Schillers *Wilhelm Tell*: „Der brave Mann denkt an sich selbst zuletzt") und Titeln (Bürgers *Lied vom braven Mann*, 1778) zu finden. Vieldeutig: wild, unbändig, wacker, fürsorglich u. a. Keineswegs im heutigen Sinne mit „langweilig" zu verwechseln.

18 **Miss Jenny** Figur aus einem zeitgenössischen empfindsamen moralisierenden Moderoman von Riccoboni.

19 **Wakefield** Anspielung auf *The Vicar of Wakefield*, Roman von Goldsmith, 1766, in Deutschland weit verbreitet; Goethe lernte das Werk in Straßburg durch Herder kennen.

22 **Klopstock** 1724–1803, seine Gefühlsbetontheit, seine seherische Phantasie und seelische Erlebenskraft sind bahnbrechend für die Empfindsamkeit des Sturm und Drang.

Ode In der *Frühlingsfeier* (1758) wird ein nächtliches Gewitter beschrieben, aus dem die Welt „erquickt" entsteht.

27 **Lavater** 1741–1780, Pfarrer in Zürich, Hauptwerk: *Physiognomische Fragmente zur Beförderung der Menschenkenntnis und Menschenliebe*. Hier Anspielung auf seine *Predigten über das Buch Jonas*, 1773.

30 **Ossian** Vorgeblicher Verfasser der Heldenlieder Macphersons.

32 **der Degen genommen** Bei Niederlagen oder in Gefangenschaft gaben Offiziere als Zeichen der Unterwerfung ihre Degen ab.

33 **Bononische Steine** Leuchtender Schwerspat, entdeckt von einem Schuster aus Bologna, deshalb Bononischer oder Bologneser Stein genannt.

38 **Terzerole** Das Terzerol ist eine kleine Pistole; es ist gegen Ende des ersten Buches die Parallelszene zum Ende des zweiten Buches, als Werther sich die Pistolen für den Selbstmord borgt.

Ladstock Stab zum Einschieben der Ladung bei Vorderladewaffen.

46 **Ernesti** Leipziger Theologe und Philologe, gab um 1760 Homer im griechischen Urtext und einer lateinischen Übersetzung heraus.

47 **das härene Gewand und der Stachelgürtel** Merkmale von Einsiedlern und der Buße; nach 2. Korinther, 12,7 dient der „Stachel im Fleisch" dazu, nicht selbstherrlich zu werden.

54 **ehernes, eisernes Jahrhundert** Ovidsche Bezeichnungen für die letzten beiden der antiken vier Weltalter.

58 **Ulyss von dem trefflichen Schweinhirten** Im 14. Gesang von Homers *Odyssee* (Ulyss ist die lateinische Form für Odysseus) wird der heimkehrende Odysseus vom Schweinehirt Eumaios, der seinen Herrn nicht erkennt, mit gebratenen Ferkeln und Wein versorgt.

61 **Erbprinz** Der Erbprinz von Braunschweig, Karl Wilhelm Ferdinand, hatte seit 1773 die zerrütteten Finanzen seines Landes wieder in Ordnung gebracht.

68 **blauer Frack** Nebst gelber Weste und Beinkleidern eine übliche zeitgenössische Modekleidung für den jungen Herrn von Stande, es ist auch die Kleidung Jerusalems. Die Wertherbegeisterung der Zeit machte diese Kleidung zur „Werthertracht", zur Kleidung der empfindsamen Jugend.

69 **Lavater** Siehe Anmerkung zu Seite 27, Vertreter eines gefühlsmäßigen Christentums.

70 **Kennikot** Englischer Theologe, um 1750 führender alttestamentlicher Textkritiker.

Semler In der zweiten Hälfte des 18. Jhs. Theologieprofessor in Halle.

Michaelis Zur gleichen Zeit Professor für orientalische Sprachen in Göttingen.

Schulze Der Schultheiß mahnte („heißen") im Auftrage des Lehnsherrn die Dorfbewohner an ihre Pflicht („Schuld").

77 **Generalstaaten** Regierung der Vereinigten Niederlande, bis 1795 offizielle Bezeichnung; als Anspielung auf den Reichtum der Niederlande gemeint.

87 **geschickt** Hier so viel wie schicklich und sich schickend, d. h. fügend.

92 **Kanapee** Sofa, Ruhebett. Aus dem Griechischen über das Französische zur Zeit Gottscheds nach Deutschland gekommen.

Stern … Werther liest aus einem von ihm übersetzten Abschnitt Ossians: wehmütige Erinnerung, Klage und vor allem Totenklagen.

93 **Barden** Keltische Sänger und Dichter, in Wales bis ins 15. Jh. sehr geachtet.

101 **verhetzen** Anspielung auf das Tempo, mit dem diese Verwicklung sich ereignet (hetzen = antreiben, verfolgen).

105 **Priester/Levit/Samariter** Vgl. Lukas 10, 30–33: Während Priester und Levit (Priester aus dem Stamme der Levi) an einem Überfallenen vorbeigehen, hilft ihm ein Samariter (Einwohner aus Samaria, der auch die Feinde liebt). Es wird Werthers säkularisiertes Menschenbild erkennbar, zumal er sich kurz zuvor selbst von den „frommen Christen" ausschließt: Während die zur Nächstenliebe verpflichteten, christlichen Repräsentanten „sich segnend" vorübergehen, weint der Samariter „eine Träne", Zeichen der Übereinstimmung mit dem Toten.

106 **„Emilia Galotti"** Trauerspiel von Lessing (1772); Emilia Galotti fordert von ihrem Vater den Tod, weil sie sowohl ihre Tugend erhalten als auch dem sinnlichen Verlangen, mit dem sie dem Prinzen zu verfallen droht, entgehen will. Insofern ist ihr Tod dem von Werther ähnlich. Beide benutzen ihre letzte Entscheidung für „ewige Freiheit".

begraben Im 18. Jh. waren Beerdigungen spät abends üblich, die Zünfte stellten die Sargträger.

MATERIALIEN

Der literarische Sturm und Drang

Goethes Roman *Die Leiden des jungen Werther* wird gleich mit seiner Veröffentlichung 1774 eine Sensation und ist wie der *Götz von Berlichingen* (1773) literarisch dem Sturm und Drang zuzuordnen. Diese literarische Strömung innerhalb der Epoche der Aufklärung setzte Akzente auf das Naturerleben, die Leidenschaften und damit auf die Freiheit des Menschen – parallel oder auch entgegen der starren Regeln der Aufklärung. Goethes Freund Herder brachte mit Homer und Ossian die „volkstümliche Literatur" in den literarischen Fokus und auch in Goethes Blick.

Sturm und Drang.

Ein Schauspiel

von

Klinger.

1776.

Die literaturgeschichtliche Bezeichnung „Sturm und Drang" geht auf den Titel der Komödie Friedrich Maximilian Klingers zurück.

Genealogie einer literaturgeschichtlichen Periode (Handbuch Sturm und Drang)

Der Sturm und Drang ist jene Periode in der deutschen Literatur zwischen 1770 und 1780, die von sich selbst den Anspruch erhebt, anders und das bedeutet im Zeitverständnis Avantgarde zu sein [...]. Die Autoren nennen sich selbst und werden so genannt junge Dichter, Genies, Goethe-Sekte, Originaldichter. Ihre Literatur setzt sich bewusst formal wie inhaltlich ab von den bewährten Mustern der aufgeklärten Literatur der 1760er Jahre, sie verweigern sich deren unveränderter Fortschreibung. Beispielhaft hierfür mag Goethes *Götz von Berlichingen* (1773) sein, mit dem eine neue Art des Geschichtsdramas beginnt, das die bis dahin geltenden Muster der aufgeklärten Literatur überbietet. Die Emanzipation der Leidenschaften, die Rebellion gegen ihre Unterdrückung ist ein wesentliches Anliegen des Sturm und Drang. Dies kommt am deutlichsten in einer Formulierung von Johann Georg Hamann, einem Wegbereiter des Sturm und Drang, in dessen *Chimärischen Einfällen* (1762) zum Ausdruck: „Wenn unsere Vernunft Fleisch und Blut hat, haben muss, und eine Wäscherin oder Sirene wird: wie wollen sie es den Leidenschaften verbieten? Wie wollen Sie den erstgeborenen Affect der menschlichen Seele dem Joch der Beschneidung unterwerfen?" [...] „Das Ideal der Dichtkunst ist der leidenschaftliche Mensch" [..], ruft Anton Mathias Sprickmann seinen Autorenkollegen des Sturm und Drang zu in seinem Artikel *Etwas über das Nachahmen allgemein, und über das Göthisieren insbesondre*. Goethe gilt ihm als ‚Urgenie', das einer ganzen Nation den Weg weist, und er beteuert, dass es „Sünde wäre, nicht zu ‚goethisieren'" [...].

Die Sturm-und-Drang-Literatur ist gesellschaftlich-politisch sensibel, sie sucht neue Themen (die Schlagworte sind Kindsmord, Volkslieder, Genieästhetik, Shakespeareanismus) oder bringt alte Themen neu zur Anschauung (Liebe, Sexualität, Standesunterschiede, poetologische und ästhetische Fragen). Die jungen Autoren sind philosophisch, theologisch und ästhetisch im Geist der Aufklärung gebildet, sie wenden aber diesen Geist kritisch gegen die eigene Gegenwart. Sie suchen und finden in der Geschichte des Mittelalters und der Frühen Neuzeit das, was sie in der Gegenwart als defizitär erfahren, sie beschreiben in Phantasmen das, was ihnen die Gegenwart verweigert (Kraftgenie, Kerl, Selbsthelfertypus, Emanzipation der Leidenschaften, Sexualität statt Empfindsamkeit). Die Entdeckung des Individuellen wird als authentisches Erlebnis beschrieben. Die Autoren setzen sich dabei über Rollenzuweisungen in Drama und Lyrik hinweg, um „Gemälde zu liefern, ohne Subjekt" (Herder: Von Deutscher Art und Kunst [1773], 59). Sie schätzen das freie Individuelle höher als die Pflichten des Subjekts und verleihen dadurch der Literatur einen unvergleichlichen Individualisierungsschub, sie adeln die Literatur als Medium der Ichfindung. [...]

Sturm und Drang ist der historisch erste Versuch, ein Misslingen der Aufklärung zu denken, dem Vollkommenheitsanspruch der Aufklärung mit den Unzulänglichkeiten der gesellschaftlich-historischen Wirklichkeit zu konfrontieren. Sturm und Drang wird damit zu einer Binnenrebellion, einem Aufstand gegen die Vaterinstanz in der Fremdbestimmtheit. Das Thema der feindlichen, sich befehdenden und schließlich einander umbringenden Brüder wird im Sturm und Drang zum Thema der Selbstzerstörung des Individuums. Brudermord, Vatermord und Kindsmord erweisen sich als jene Themenbereiche, in denen die neue Literatur des Sturm und Drang ihre revolutionärste Darstellung findet. Nicht formal, sondern in der Konsequenz, mit welcher diese Themen als die zentralen Konflikte der bürgerlichen Gesellschaft des 18. Jahrhunderts ins Werk gesetzt werden.

Sturm und Drang ist eine kritische, zeitweilig gegen die Aufklärung gerichtete Haltung junger Autoren. Kam es zur ‚Versöhnung' mit der Aufklärung, dann hörte Sturm und Drang auf, Sturm und Drang zu sein. Denn die ‚Versöhnung' war ein Arrangieren der Avantgardeautoren mit den bestehenden Verhältnissen aus Gründen der persönlichen, der sozialen oder der literarischen Notwendigkeit. Dies schließt den individuellen Opportunismus ebenso mit ein wie die Enttäuschung darüber, als Autor erfolglos zu sein oder die gesellschaftlichen Verhältnisse als unverrückbar erfahren zu müssen. Die einzigen Ausnahmen hiervon sind Christoph Kaufmann, der lebt, was andere schreiben oder sagen, und der selbst wenig schreibt, und Jakob Michael Reinhold Lenz, der sich dem Arrangement oder dem notwendigen Pragmatismus verweigert und dadurch einen biographischen Riss erfahren muss, der ihn am Ende literarisch verstummen lässt.

Aufklärung ist zunächst eine Elitekultur der bürgerlichen Gebildeten, die dem Selbstverständnis und der Selbstversicherung der alphabetisierten Nichtadligen dient, deren erklärtes Ziel die allmähliche Verbesserung des Menschen und der Gesellschaft ist. Die Buchproduktion ist in den Jahren zwischen 1763 und 1805 gegenüber den Zeitraum von 1721 bis 1763 um über das Zehnfache angewachsen. Die zunehmende Alphabetisierung der Gesellschaft erfasst alle Schichten. 1782 bemerkt ein Zeitgenosse im *Hannoverischen Magazin*: „Gelernte und Ungelernte, Handelsleute, Handwerker, Ökonomen, Militärpersonen, Alte und Junge, männliches und weibliches Geschlecht sucht einen Teil der Zeit mit Lesen auszufüllen [...]. Alles will jetzt lesen, selbst Garderobenmädchen, Kutscher und Vorreuter nicht ausgenommen" [...]. Die Fähigkeit zu lesen und zu schreiben, diese grundständigen Kulturtechniken für Bildung tragen maßgeblich den Emanzipationsprozess des Bürgertums im 18. Jahrhundert. Die brennende Fackel der Wahrheit gilt als das zeitgenössische Emblem der Aufklärung. Die mythologische Gestalt des Prometheus hingegen wird zum literarischen Selbstbild der jungen Autoren des Sturm und Drang. Prometheus holt mit einer Fackel das Feuer vom Himmel und bringt es den Menschen. Auf einer mythopoetischen Ebene bedeutet das, Prometheus stiehlt das Licht der Aufklärung und wird dafür vom Vater – dem Göttervater Zeus – bestraft. Am eindrucksvollsten gelungen ist die literarische Umsetzung sicherlich in Goethes *Prometheus*-Ode [...]. In diesem Bild erweist sich der Sturm und Drang als eine Form der radikalisierten Aufklärung, denn das Feuer vom Himmel zu stehlen bedeutet neben der Demütigung für den Göttervater auch einen Akt der Demokratisierung des Wissens. Prometheus bringt den Menschen das Wissen darum, wie Feuer zu machen ist. Und da Prometheus selbst zum Bildner wird, der Mensch schafft, trägt er maßgeblich zur Vermenschlichung der Kunst bei.

Für die Zeitgenossen gehören Sturm und Drang und Empfindsamkeit als teils moderne und teils bewährte Formen der Aufklärung zusammen [...]. Bildet die Aufklärung die historische Makrostruktur als Epoche ab, so kann der Sturm und Drang – wie die Empfindsamkeit auch – als deren Mikrostruktur im Sinne einer Periode gelten. Der Sturm und Drang ist Teil der Aufklärung. [...] Um die Jahre zwischen 1770 und 1780 literaturgeschichtlich zu kennzeichnen, konkurrierten in der älteren Forschung Begriffe wie Goethezeit, Genieperiode oder Kunstperiode als (Teil)Äquivalent zum Begriff Sturm und Drang. Damit wurde diesem uneinheitlichen Themen- und Autorenbündel ein Bewertungsmaßstab untergeschoben, der die Gleichzeitigkeit des Ungleichzeitigen von Aufklärung und Sturm und Drang tilgte. Gerhard Sauder hat das Modell einer konzentrierten Periodisierung vorgeschlagen, wonach sich drei Phasen des Sturm und Drang unterscheiden lassen [...]:

1. Die Begegnung zwischen Herder und Goethe vom Spätsommer 1770 bis zum Frühjahr 1771 in Straßburg bilden den Ausgangspunkt und den Kern des Sturm und Drang. Texte anderer Autoren, die vor dem Jahr 1770 veröffentlicht wurden und die inhaltlich dem Sturm und Drang zugerechnet werden können, sind wegbereitende Schriften. [...]
2. Eine eigentliche Hochphase des Sturm und Drang bildet die Phase der Konstitution von Sturm-und-Drang-Gruppen in Straßburg, Frankfurt, Darmstadt und Göttingen. Diese Phase reicht bis in das Jahr 1776. Eine deutliche Zäsur oder einen Riss erfährt der Sturm und Drang durch Goethes Amtsantritt in Weimar in Januar 1776.

3. Nach 1778 ist der Sturm und Drang bereits ein historisches Phänomen. In der Forschung bleibt es strittig, ob Schillers *Räuber* (1781), *Fiesko* (1783) und *Kabale und Liebe* (1784), ob Schubarts *Sämtliche Gedichte* (1785/1786) und ob Heinses *Ardinghello* (1787) oder Karl Philipp Moritz mit seinem Drama *Blunt oder der Gast* (1780) noch zu dieser Spät- oder Schlussphase des Sturm und Drang gerechnet werden können [...].

Auf der biographischen Ebene bilden Goethe und Lenz ein Gravitationszentrum des Sturm und Drang. Dies betrifft nicht nur ihr persönliches Engagement, durch Besuche, Reisen und ausgedehnte Briefwechsel den Kontakt zu anderen Autoren des Sturm und Drang zu halten und zu festigen, sondern auch die thematische Vielfalt und die Innovationskraft ihrer Werke. Mit dem persönlichen Bruch zwischen Goethe und Lenz, der sich bereits in Goethes Umzug nach Weimar im November 1775 abzeichnet, bricht auch dieses festigende Moment der Gruppenkultur des Sturm und Drang weg. Es beginnt die Zeit des allgemeinen Widerrufs. Die Arbeiten der Sturm-und-Drang-Jahre werden von den Autoren selbst der Vergessenheit anheimgestellt, die teilweise Selbstauslöschung soll einen Neuanfang ermöglichen (wie im Falle Klingers) oder die Werke werden einer umfassenden Revision unterzogen wie im Falle Goethes. Widerruf und Revision kennzeichnen die späten Jahre des Sturm und Drang. Andere Autoren wechseln in bürgerliche Berufe (Merck und Schlosser), sind verstummt (Füssli, Gerstenberg, Leisewitz, Lenz), früh verstorben (Wagner) oder sitzen in Haft (Schubart).

Matthias Luserke-Jaqui u.a.: *Handbuch Sturm und Drang*. Berlin: De Gruyter, 2017. S. 1–5.

Handeln ist die Seele der Welt (Jakob Michael Reinhold Lenz)

Ha, er muss in was Besserm stecken, der Reiz des Lebens: denn ein Ball anderer zu sein, ist ein trauriger, niederdrückender Gedanke, eine ewige Sklaverei, eine nur künstlerische, eine vernünftige, aber eben um dessentwillen desto elendere Tierschaft. Was lernen wir hieraus? [...] Das lernen wir hieraus, dass handeln, handeln die Seele der Welt sei, nicht genießen, nicht empfinden, nicht spitzfündeln, dass wir dadurch allein Gott ähnlich werden, der unaufhörlich handelt und unaufhörlich an seinen Werken sich ergötzt: das lernen wir daraus, dass die in uns handelnde Kraft unser Geist, unser höchstes Anteil sei [...]. Das lernen wir daraus, dass diese unsre handelnde Kraft nicht eher ruhe, nicht eher ablasse zu wirken, zu regen, zu toben, als bis sie uns Freiheit um uns her verschafft, Platz zu handeln: Guter Gott, Platz zu handeln, und wenn es das Chaos wäre, das du geschaffen, wüste und leer, aber Freiheit wohnt nur da, und wir könnten dir nachahmend drüber brüten, bis was herauskäme – Seligkeit! Seligkeit! Göttergefühl das!

Jakob Michael Reinhold Lenz: *Über Götz von Berlichingen*. 1775. In: Erich Schmidt: Lenziana. Berlin, 1901.

Geist der Natur (Johann Gottfried Herder)

In der alten Zeit aber waren es Dichter, Skalden, Gelehrte, die eben diese Sicherheit und Festigkeit des Ausdrucks am meisten mit Würde, mit Wohlklang, mit Schönheit zu paaren wußten; und da sie also Seele und Mund in den festen Bund gebracht hatten, sich einander nicht zu verwirren, sondern zu unterstützen, beyzuhelfen: so entstanden daher jene für uns halbe Wunderwerke von ἀοιδοῖσ, Sängern, Barden, Minstrels, wie die größten Dichter der ältesten Zeiten waren. Homers Rhapsodien und Ossians Lieder waren gleichsam impromptus, weil man damals noch von Nichts als impromptus der Rede wußte: dem letztern sind die Minstrels, wiewohl so schwach und entfernt, gefolgt; indessen doch gefolgt, bis endlich die Kunst kam und die Natur auslöschte. In fremden Sprachen quälte man sich von Jugend auf Quantitäten von Sylben kennen zu lernen, die uns nicht mehr Ohr und Natur zu fühlen gibt: nach Regeln zu arbeiten, deren wenigste, ein Genie, als Naturregeln anerkennet; über Gegenstände zu dichten, über die sich nichts denken, noch weniger sinnen, noch weniger imaginiren läßt; Leidenschaften zu erkünsteln, die wir nicht haben, Seelenkräfte nachzuahmen, die wir nicht besitzen – und endlich wurde Alles Falschheit, Schwäche, und Künsteley. Selbst jeder beste Kopf ward verwirret, und verlohr Festigkeit des Auges, und der Hand, Sicherheit des Gedankens und des Ausdrucks: mithin die wahre Lebhaftigkeit und Wahrheit und Andringlichkeit. – Alles ging verlohren. Die Dichtkunst, die die stürmendste, sicherste Tochter der menschlichen Seele seyn sollte, ward die ungewisseste, lahmste, wankendste: die Gedichte fein oft corrigirte <Knaben-> und Schulexercitien. Und freylich, wenn das der Begriff unsrer Zeit ist, so wollen wir auch in den alten Stücken immer mehr Kunst als Natur bewundern, finden also in ihnen bald zu viel, bald zu wenig, nachdem uns der Kopf steht, und selten was in ihnen singt, den Geist der Natur. Ich bin gewiß, daß Homer und Ossian, wenn sie aufleben und sich lesen, sich rühmen hören sollten, mehr als zu oft über das erstaunen würden, was ihnen gegeben und genommen, angekünstelt, und wiederum in ihnen nicht gefühlt wird. Freylich sind unsre Seelen heut zu Tage durch lange

Generationen und Erziehung von Jugend auf anders gebildet. Wir sehen und fühlen kaum mehr, sondern denken und grüblen nur; wir dichten nicht über und in lebendiger Welt, im Sturm und im Zusammenstrom solcher Gegenstände, solcher Empfindungen; sondern erkünsteln uns entweder Thema, oder Art, das Thema zu behandeln, oder gar beydes – und haben uns das schon so lange, so oft, so von früh auf erkünstelt, daß uns freylich jetzt kaum eine freye Ausbildung mehr glücken würde, denn wie kann ein Lahmer gehen? Daher also auch, daß unsern meisten neuen Gedichten, die Festigkeit, die Bestimmtheit, der runde Contour so oft fehlet, den nur der erste Hinwurf verleihet, und kein späteres Nachzirkeln ertheilen kann. Einem Homer und Ossian würden wir bey solchem poetischen Fleiß gewiß nicht anders vorkommen, als einem Raphael oder Apelles, der durch einen Umriß sich als Apelles zeigt, der schwachhändig, krizzelnde Lehrknabe – u.s.w.

Johann Gottfried Herder: *Auszug aus einem Briefwechsel über Ossian und die Lieder alter Völker*. Hamburg: Bode, 1773.

Der Briefroman im 18. Jahrhundert

Der Sturm und Drang richtete den Blick auf die Gefühlsregungen und damit auf das Innere und die Psychologie der literarischen Figuren. Der Briefroman in der französischen Tradition Rousseaus erwies sich daher neben dem Drama als die geeignete Gattung der Zeit.

Die Poetik des Briefromans

‚Aufklärung' und ‚Empfindsamkeit' sind die zeitgenössischen Bezeichnungen für die kulturrevolutionären Folgen, die die Entwicklung des Buchdrucks zum echten Massenmedium mit sich brachte. Die ‚typographische Medienrevolution' des 16. Jahrhunderts entgrenzte die Leistungsfähigkeit der Schrift als *Speichermedium*, die Entwicklung der periodischen Presse entgrenzte auf analoge Weise die Funktion der Schrift als *Übertragungsmedium*. Durch die Verbindung von Presse und Post, die sich – beginnend mit dem Aufstieg der Zeitung im 17. Jahrhundert – im 18. Jahrhundert als Zeit nach Tausenden von Titeln zählender Markt unterschiedlichster Periodika etablierte, wurde der Buchdruck ‚zum zweiten Male entdeckt'.

Die rasante Entwicklung der periodischen Presse, die sich an eine anonyme, sozial heterogene Öffentlichkeit richtete, wurde im 18. Jahrhundert von einer ebenso raschen Entwicklung des privaten Briefwechsels begleitet, durch die das individuell adressierte ‚manu-scriptum' eine neuartige kommunikative Funktion und kulturelle Bedeutung gewann. Während die Speicherleistungen und das Reflexionspotential der Schrift für die Evolution der Wissenskultur schlicht unverzichtbar sind, stellt das Medium für jene kulturellen Praktiken, die sich in personaler Interaktion vollziehen und die darauf abzielen, das Erleben des Lebens zu kultivieren, ein Handicap dar. Das gilt vorab für das Erzählen. Schrift löst Kommunikationsprozesse aus dem Wahrnehmungs- und Situationskontext und erzeugt so einen Verbalisierungszwang, den die personale Interaktion nicht kennt. Sie bringt damit aber auch all das zum Verschwinden, was in der Face-to-Face-Interaktion die personale Selbstdarstellung und die interpersonale Beziehungsgestaltung trägt und das Sprechen wie das Erzählen lebendig macht: die Stimme und ihre Modulationen, die Intonation, der Blick, das ganze Spektrum mimisch-gestischer Ausdrucksformen. Als *Gestaltungsmedium* produktiv wird die Schrift dort, wo sie dazu inspiriert, Artikulationsformen zu entwickeln, die die ‚Leibhaftigkeit' des Sprechens und der erzählenden Performance für die Imagination von Lesern nachbilden. Die Privatkorrespondenz war das Medium, in dem sich schriftliche Äquivalente für diese personalen Aspekte des Sprechens wie des Erzählens zuerst etablierten. Als *interaktionsfreie*, konzeptionell gleichwohl *interaktionsnahe* Form des ‚geselligen Betragens' (Schleiermacher) zum Medium der modernen Konversationskultur der gebildeten Stände.

Im Kontext dieser mediengeschichtlichen Rekonstruktion des kulturellen Wandels, der sich im 18. Jahrhunderts vollzog, erscheint der Briefroman als diejenige literarische Gattung, in der sich die poetische Literatur der Artikulations- und Gestaltungsmöglichkeit bewusst wird, die ihr das Schreiben eröffnet. Diese Neuerfindung der Poesie als dezidiert ‚*schriftlicher* Literatur' besteht im Versuch, Artikulationsformen für die mimisch-gestische, leiblich-sinnhafte Dimension des Erzählens zu finden, die beim Aufschreiben der wieder- und weitererzählbaren Geschichten verloren geht. Das narrative Schreiben beginnt sich als schriftliche Steigerungsform des mündlichen Erzählens zu begreifen und lernt, eine Geschichte nicht zu ‚erzählen', sondern als Imaginationsfolge zu vergegenwärtigen. Seine von Blanckenburg, Engel u. a. formulierte Maxime lautet: Informiere nicht darüber, was man über ein vergangenes Geschehen *wissen* kann, sondern führe einem Anteil nehmenden Bewusstsein vor, wie es war, eine zukunftsoffene Gegenwart zu *erleben*!

Damit beginnt die Geschichte des modernen *Bewusstseinsromans*, in deren Eröffnungsphase der Briefroman eine zentrale Stellung einnimmt. Zwar handelt das Erzählen innerhalb und außerhalb der Literatur immer schon vom Glück und Unglück des leiblichen, geschlechtlichen, sein Leben in Hoffnung und Furcht erlebenden, sterblichen Einzel-Ich und von den Beziehungsdramen, in die es gerät und in die es sich stürzt; aber niemals zuvor sind Leserinnen und Leser zu so intimen Zeugen dieses inner- und interpersonalen Geschehens gemacht worden wie in den Briefromanen eines Richardson, Rousseau oder Goethe. [...]

Aus mediengeschichtlicher Perspektive liegt es nahe, die Bindung des Romans an die Kommunikationsform ‚Brief' als eine ‚naturalistische' Hilfskonstruktion zu verstehen, d.h. als literarische Technik, die das personale Erleben aus erster Hand präsentiert, ohne eine Antwort auf die Frage parat haben zu müssen, wie einem das, was ein Subjekt nur von sich selber wissen kann, überhaupt zugänglich werden konnte. Es versteht sich von selbst, dass diese medienästhetische Logik des Briefromans die Autorinnen und Autoren auf keine spezifischen Muster festlegt, sondern narrative Spielräume und Spielräume der Reflexion eröffnet, die auf jede spezifische Weise genutzt wurden. Von selbst versteht sich aber auch, dass sich der moderne Roman mit seinen Techniken der Bewusstseinsdarstellung von der Brieffiktion bald unabhängig machte. [...]

Mit Rousseaus 1761 erschienenem Briefroman [*Julie ou la Nouvelle Héloïse*] liegt ohne Zweifel eines der formal komplexesten Beispiele der Gattung zur Mitte des 18. Jahrhunderts vor. Erst die *Liaisons dangereuses* als polylogischer sowie *Werther* und *Hyperion* als monologische Briefromane werde das Komplexitätsniveau der *Nouvelle Héloïse* in formaler Hinsicht übersteigen. Rousseau entwirft ein kompliziertes Netz epistolarer Briefwechsel, in dessen Zentrum zwar derjenige zwischen Julie und St. Preux steht; beide Protagonisten stehen jedoch zugleich mit einem vertrauten Freund bzw. einer vertrauten Freundin intensiv in Kontakt. Die Komplexität erhöht sich noch, weil beide Protagonisten auch mit diesen Freunden bzw. der Geliebten Kontakt aufnehmen. Es entsteht also in der Tat ein sich mehrfach überschneidendes System von Briefwechseln, deren einzelne Stimmen – wie bei Smollett – vollkommen gleichberechtigt sind. Einzig die für die politische Theorie des zweiten Teils gewichtige Figur Wolmars, des Ehemanns von Julie, tritt als Briefschreiber kaum in Erscheinung. Als

‚sanfter' ‚aufgeklärte Despot' des soziopolitischen Ideals der ‚Idylle Clarens' hat er den Zwang zur epistolaren Reflexion seines Erlebens längst überwunden. Wolmar handelt und muss also nicht mehr schreiben.

Gideon Stiening (Hg.); Robert Velussig (Hg.): *Poetik des Briefromans.* Berlin; Boston, Mass.: De Gruyter, 2012. S. 12–76.

Rousseaus *Julie ou La nouvelle Héloïse* (Gisela Schlüter)

Rousseau schreibt einen Briefroman, der zu den meistgelesenen Büchern des Jahrhunderts zählt: *Julie ou La nouvelle Héloïse, Lettres de deux amants, habitants d'une petite ville au pied des Alpes, Recueillies par Jean-Jaques Rousseau* (1761). Dem Roman ist eine Romanpoetik vorangestellt: „Préface de *La Nouvelle Héloïse* ou Entretien sur les romans, entre l'éditeur et un homme de lettres". Im bukolischen Ambiente der Schweizer Alpen beginnt und endet die nicht standesgemäße Liebesgeschichte zwischen der adeligen, tugendhaft-frommen Julie d'Étanges und ihrem bürgerlichen Hauslehrer Saint-Preux, der auf Julie verzichten muss und ins Ausland, nach Paris und nach England, übersiedelt. Julie heiratet den großzügigen, souveränen Monsieur de Wolmar, mit dem sie in Clarens eine vorbildliche ländliche Enklave bewirtschaftet. Nach langer Abwesenheit kehrt Saint-Preux auf Einladung Wolmars zurück. Julie, die Saint-Preux noch immer liebt, stirbt nach dem Verlust eines ihrer Kinder. Der umfangreiche und mehrstimmige Briefroman verbindet die tragische Geschichte einer empfindsamen, doch sentimental getönten Liebe über Standesgrenzen hinweg mit lyrischem Landschaftstableau, der Schilderung eines ideal Naturzustands, eine Gesellschaftsutopie, der Evokation des anfänglichen (zweiten) Naturzustands, des Inbegriffs von Glück.

Gisela Schlüter: *Jean-Jacques Rousseau: Von den Ursprüngen erzählen*. In: Jürgen Grimm; Susanne Hartwig (Hrsg.): Französische Literaturgeschichte. 6. Auflage. Stuttgart ; Weimar: Metzler, 2014. S. 237.

Melancholie in Werthers Briefen (Thorsten Valk)

Der 1774 publizierte *Werther*-Roman thematisiert mit besonderer Intensität die unterschiedlichen Facetten der Melancholie – er schildert die von ihr ausgehenden Gefährdungen ebenso wie ihre inspirierenden Wirkungen und nimmt damit in der zeitgenössischen Diskussion eine vermittelnde Position ein. Goethes aufsehenerregendes Romandebüt bringt die Melancholie in ihrer ganzen Bandbreite und ihren weitverzweigten Traditionssträngen zur Darstellung. [...]

Die ästhetischen Heilmittel Dichtung und Musik gelten der Psychotherapie des ausgehenden 18. Jahrhunderts als besonders effiziente Palliative. Auch in Goethes Roman werden sie immer wieder in diesem Zusammenhang genannt. Wenn Werther in seinem Homer liest oder bisweilen auch Lotte beim Klavierspielen zuhört, so übt dies eine besänftigende und melancholiebannende Wirkung auf ihn aus. Die Homer-Lektüre beruhigt die ständigen Seelenstürme, und die von Lotte dem Klavier entlockten Melodien vertreiben die dunklen Obsessionen. „Kein Wort von der Zauberkraft der alten Musik ist mir unwahrscheinlich", erklärt Werther am 16. Juli 1771. „Wie mich der einfache Gesang angreift! [...] oft zur Zeit, wo ich mir eine Kugel vor den Kopf schießen möchte! Die Irrung und Finsternis meiner Seele zerstreut sich und ich atme wieder freier" [...]. Dichtung und Musik werden von der psychotherapeutischen Praxis des 18. Jahrhunderts zwar als überaus wirksame Heilmittel geschätzt, bei falscher Auswahl oder ungeschickter Dosierung drohen sie jedoch zu abträglichen Ergebnissen zu führen und die Melancholie in erheblichem Maße zu verschärfen. Diese gegensätzlichen Wirkungen, die bereits in der antiken Medizin reflektiert werden, treten auch in Goethes Roman deutlich zutage. So lange sich Werther an Homer hält, erfüllt die Dichtung ihre therapeutische Funktion. In dem Augenblick aber, da er seine Begeisterung für Ossian entdeckt, entfesselt sie ihre unterminierenden Kräfte. Die vermeintlich mythischen Gesänge aus irischer und schottischer Vorzeit entführen Werther in eine dämmrige Nebelwelt, die so gut wie alle Topoi einer melancholischen Landschaft aufweist. Immer wieder ist es Nacht, dichte Wolkenmassen ziehen vorüber, während der Mond die Ebene in ein mattes Licht taucht und steinerne Grabhügel beleuchtet, unter denen junge Männer ihre letzte Ruhe gefunden haben. Die Ossianischen Gesänge mobilisieren das ganze Repertoire dunkler Stimmungen und verbinden es mit der permanenten Evokation des tragisch erlittenen Todes. Werther taucht in die nordische Sagenwelt ein und glaubt zuletzt selbst über die kahle Heide zu wandern (HA 6, S. 82). Er verliert sich in der schwermütigen und todessüchtigen Nebellandschaft, die im Kontrast zu den lichterfüllten Landstrichen der Homerischen *Odyssee* keine heilenden Energien mehr entfaltet. Die Gesänge Ossians verschärfen und beschleunigen Werthers melancholische Erkrankung, da sie seine Suizidneigungen weiter anfachen. Was Werther an den Ossianischen Gesängen fesselt, ist vor allem die sentimentale Totenklage, die sein eigenes Todesverlangen literarisch sublimiert.

Thorsten Valk: *Poetische Pathographie. Goethes Werther im Kontext zeitgenössischer Melancholie-Diskurse*. In: Goethezeitportal, 15.12.2004. http://www.goethezeitportal.de/fileadmin/PDF/db/wiss/goethe/werther_valk.pdf

BIOGRAFIE

WORT- UND SACHERKLÄRUNGEN

MATERIALIEN

Zum Autor

Naturwissenschaftler, Dichter, Universal-Genie, Namensgeber einer ganzen Epoche („Goethezeit“): Goethe erscheint als DER Dreh- und Angelpunkt der deutschen Literatur, an dem man – bis heute – nicht vorbeikommt. Zu Recht?

Goethe, umgeben von Wieland, Lessing, Klopstock, Herder und Schiller.
Undatierte Kreidelithographie von Johann Sprick.

Zum Schäkespears Tag (Johann Wolfgang von Goethe, 1771)

Schäkespears Theater ist ein schöner Raritätenkasten, in dem die Geschichte der Welt vor unsern Augen an dem unsichtbaren Faden der Zeit vorbeiwallt. Seine Plane sind, nach dem gemeinen Stil zu reden, keine Plane, aber seine Stücke drehen sich alle um den geheimen Punkt (den noch kein Philosoph gesehen und bestimmt hat), in dem das Eigentümliche unsres Ichs, die prätendierte Freiheit unsres Wollens, mit dem notwendigen Gang des Ganzen zusammenstößt. Unser verdorbner Geschmack aber umnebelt dergestalt unsere Augen, daß wir fast eine neue Schöpfung nötig haben, uns aus dieser Finsternis zu entwickeln.
Alle Franzosen und angesteckte Deutsche, sogar Wieland, haben sich bei dieser Gelegenheit, wie bei mehreren, wenig Ehre gemacht. Voltaire, der von jeher Profession machte, alle Majestäten zu lästern, hat sich auch hier als ein echter Thersit bewiesen. Wäre ich Ulysses; er sollte seinen Rücken unter meinem Zepter verzerren.
Die meisten von diesen Herren stoßen auch besonders an seinen Charakteren an.
Und ich rufe Natur! Natur! nichts so Natur als Schäkespears Menschen.
Da hab ich sie alle überm Hals.
Laßt mir Luft, daß ich reden kann!
Er wetteiferte mit dem Prometheus, bildete ihm Zug vor Zug seine Menschen nach, nur in *kolossalischer Größe;* darin liegt's, daß wir unsre Brüder verkennen; und dann belebte er sie alle mit dem Hauch *seines* Geistes, *er* redet aus allen, und man erkennt ihre Verwandtschaft.

Und was will sich unser Jahrhundert unterstehen, von Natur zu urteilen. Wo sollten wir sie her kennen, die wir von Jugend auf alles geschnürt und geziert an uns fühlen und an andern sehen. Ich schäme mich oft vor Schäkespearen, denn es kommt manchmal vor, daß ich beim ersten Blick denke, das hätt ich anders gemacht! Hintendrein erkenn ich, daß ich ein armer Sünder bin, daß aus Schäkespearen die Natur weissagt und daß meine Menschen Seifenblasen sind, von Romanengrillen aufgetrieben.

Und nun zum Schluß, ob ich gleich noch nicht angefangen habe.
Das, was edle Philosophen von der Welt gesagt haben, gilt auch von Schäkespearen, das, was wir bös nennen, ist nur die andre Seite vom Guten, die so notwendig zu seiner Existenz und in das Ganze gehört, als Zona torrida brennen und Lappland einfrieren muß, daß es einen gemäßigten Himmelsstrich gebe.

Er führt uns durch die ganze Welt, aber wir verzärtelte unerfahrne Menschen schreien bei jeder fremden Heuschrecke, die uns begegnet: Herr, er will uns fressen.
Auf, meine Herren! trompeten Sie mir alle edle Seelen aus dem Elysium des sogenannten guten Geschmacks, wo sie schlaftrunken, in langweiliger Dämmerung halb sind, halb nicht sind, Leidenschaften im Herzen und kein Mark in den Knochen haben; und weil sie nicht müde genug, zu ruhen, und doch zu faul sind, um tätig zu sein, ihr Schattenleben zwischen Myrten und Lorbeergebüschen verschlendern und vergähnen.

Johann Wolfgang v. Goethe: *Rede zum Schäkespears Tag* (14. Oktober 1771, Frankfurt/Main). Erstdruck: Allgemeine Monatsschrift für Wissenschaft und Literatur. Herausgegeben von Otto Jahn. Braunschweig, April 1854. Aus: Goethes Werke. Hrsg. im Auftrag der Großherzogin Sophie von Sachsen. 143 Bde. Weimar, Böhlau 1896. [nebst] [Weimarer Ausgabe]., I. Abt, 37. Bd., S. 129–135.

Der junge Goethe

„Mir kommt vor, dass sei die edelste von unsern Empfindungen, die Hoffnung, auch dann zu bleiben, wenn das Schicksal uns zur allgemeinen Nonexistenz zurückgeführt zu haben scheint." So beginnt einer der frühesten Texte Goethes, die Rede *Zum Shakespeares-Tag* aus dem Jahr 1771 [...]. Sechzig Jahre später, am Schluss des *Faust*, klingt es wieder an, diesmal mit der Gewissheit verbunden, dass die Hoffnung nicht eitel war: „Es kann die Spur von meinen Erdetagen/Nicht in Äonen untergehn." (11583f) Zwar ist es Faust, der dies ausspricht, aber auch sein Autor konnte gewiss sein, edlen – und anderen – Seelen „vorgefühlt" zu haben. Goethe hat, um einen seiner Lieblingsausdrücke aufzugreifen, „Epoche gemacht" – und dies so sehr, dass sein Name für eine steht: Goethezeit.

Das ist ungerecht und gerecht zugleich. Ungerecht, weil Goethes Zeit an bedeutenden Geistern reich war und weil grade er nie müde wurde, das Kollektive an den Kulturleistungen zu betonen: „Es lässt sich nicht leicht denken und übersehen, was die Umstände für den Künstler tun müssen", lässt er z. B. den Marchese im 8. Buch der *Lehrjahre* sagen, und diese Einsicht gehört nicht erst seinen späteren Jahren an. Gerecht wiederum, weil in Goethe ungewöhnlich viele „Umstände" zusammentreffen, gemeinsam oder auch gegeneinander ins Spiel gebracht werden und sich zu einem Werk kristallisieren, dem nichts an die Seite gestellt werden kann. Goethe hat tatsächlich der Zeit seinen Stempel aufgeprägt. Bereits sehr früh nimmt man ihn zur Kenntnis, auch weniger wohlwollende Geister können ihn nicht ignorieren: es gibt neben den Lobreden eine stattliche Sammlung negativer Urteile über ihn, aber urteilen muss man. Mit 24 Jahren gehört Goethe (nach Erscheinen des *Götz*) bereits zu den wichtigsten zeitgenössischen Schriftstellern, und nur ein Jahr später legt der *Werther*-Roman den Grundstein zu seinem europäischen Ruhm. Hier ist jemand am Werk, der nicht erst lange arbeiten muss, um sich Respekt zu verschaffen; seine Souveränität steht gleich zu Anfang außer Frage. Dabei bleiben sogar einige bedeutende Gedichte seiner Jugendzeit einer breiteren Öffentlichkeit lange vorenthalten.

Goethes Leben reicht von den letzten Jahrzehnten der Geschichte des Alten Reiches – er erlebt 1764 im engen und gewinkelten Frankfurt die Krönung Josephs II. zum Römischen König – bis weit in die nachrevolutionäre, moderne, von ihm „veloziferisch" genannte Zeit hinein: der alte Geheimrat liest noch die ersten Romane Honoré de Balzacs. Im Alter gab er seine „offizielle" Biographie heraus: *Aus meinem Leben. Dichtung und Wahrheit.* (1811–14 u. 1833), eine Darstellung nicht nur des eigenen Werdeganges bis zur Anstellung am Hof von Weimar 1775, sondern zugleich eben auch der „Umstände", des Hintergrundes, auf dem diese Biographie zu verstehen ist. Keine Goethe-Darstellung wird von dieser Selbstdeutung unbeeinflusst bleiben können. Und keine Goethe-Darstellung wird von der Kenntnis des Gesamtwerkes absehen können, selbst wenn sie sich auf die ersten vier Jahrzehnte seines Lebens beschränkt. Das ist nicht zu beklagen: eine jede Darstellung ist Teil einer Wirkungsgeschichte, die in diesem Falle mit dem Autor selbst beginnt, der die meisten seiner Generationsgenossen überlebte und sich im Alter auch bereits „historisch" sah, wie es in späten Briefen heißt.

Goethe gehört in seiner Jugend zur Bewegung des Sturm und Drang [...]. Wo immer er auftaucht, gruppieren sich andere um ihn, er wird bald zum Mittelpunkt der Kreise, in denen eher verkehrt – aber grade dies besagt auch, dass er im Grunde bereits über diese literarische Revolte hinausgreift und dass deren Grenzen von ihm früh abgesteckt werden. Goethe ist der radikalste und zugleich der am wenigsten Extreme unter den Stürmern und Drängern. Radikal, weil in seinen Hauptwerken der Konflikt zwischen Individuum und Welt, zwischen der „prätentierten Freiheit unseres Wollens" und dem „notwendigen Gang des Ganzen" (Shakespeare-Rede) auf die äußerste Spitze getrieben wird. Und am wenigsten extrem, weil er sich von unmittelbaren Änderungen in der Welt wenig verspricht (Der Landadel sei doch ein wichtiges Gegengewicht zum Absolutismus, *FGA* 1772). Dass diese Haltung eine politische Tätigkeit nicht auszuschließen braucht, bezeugen ja zur Genüge die folgenden Jahre in Weimar, nur: Goethe hat die Grundlage oder die letzte Erklärung seines Lebens nie im Gesellschaftlichen gesehen und daher auch nie große Umwälzungen befürwortet. Nicht Goethe, sondern Lenz schreibt die wichtigsten sozialkritischen Dramen der Epoche, nicht Goethe, sondern Lenz macht Reformvorschläge. Als Goethe 1771 in Straßburg seine juristischen Thesen verteidigt, folgt er gerade nicht den progressiven Juristen seiner Zeit in der Ablehnung der Todesstrafe oder in der Einräumung von mildernden Umständen beim Kindesmord (Thesen 53 und 55). In *Dichtung und Wahrheit* wird er später schreiben, er verstehe nicht, wieso man den *Werther* als Adelskritik gelesen habe, und dies ist kaum als nachträgliche Rationalisierung abzutun, sondern entspricht gewiss seiner Haltung in den siebziger Jahren. Was Goethe letzten Endes von einigen Weggenossen unterscheidet, ist eben, dass für ihn bei aller Beeinflussung durch Herder die Geschichte nicht den Horizont des menschlichen Daseins abgibt. Er sucht von Anfang an das „Urgestein" hinter dem Bewegten, um jetzt seinen späteren naturwissenschaftlichen Studien vorzugreifen. Zwar kommt er immer wieder auf Geschichte zu sprechen, aber sie stellt sich ihm als Ablagerung dar, fast geologisch. Daher kann Goethe nicht an die Revolution glauben, daher verschmelzen ihm Geschichte und Natur zu einer wenn auch keineswegs unterschiedslosen Einheit [...].

Sven Aage Jørgensen u.a.: *Aufklärung, Sturm und Drang, frühe Klassik : 1740–1789*. In: Helmut de Boor: Geschichte der deutschen Literatur von den Anfängen bis zur Gegenwart. Band VI. München: Beck, 1990. S. 438–439.

Wie's den Wissenden erbaut (Alexander Menden)

Für Kenner, aber auch für Novizen interessant: „Die Verwandlung der Welt", die große Goethe-Ausstellung in der Bundeskunsthalle in Bonn.

Wer glaubt, Fan-Fiction sei ein neues Phänomen, sollte sich in der Bonner Ausstellung „Goethe – Verwandlung der Welt" zunächst die Werther-Abteilung ansehen. Der berühmte Briefroman von 1774, der Johann Wolfgang Goethe zum literarischen Superstar machte, brachte eine Flut von „Wertheriaden" hervor. Inoffizielle Fortschreibungen der Dreiecksgeschichte ersetzen beispielsweise den Freitod der Titelfigur durch ein Happy End.

Ein besonders populäres Motiv war der Besuch Lottes an Werthers Grab. Die Schau in der Bundeskunsthalle versammelt Illustrationen dieser Szene, von denen die des englischen Künstlers John Raphael Smith eine der am weitesten verbreiteten war. Nicht nur Smith' kolorierter Stich von „Charlotte at the Tomb of Werther" ist ausgestellt, sondern auch eine auf ihm basierende, schwarz-weiße Brosche. Man kann sich vorstellen, wie

Bürgerstöchter mittels solcher Schmuckstücke dem spätempfindsamen Äquivalent jener Leidenschaft Ausdruck verliehen, die „Harry Potter"-Fans unserer Tage durch Gryffindor-T-Shirts zur Schau tragen.

Tatsächlich könnte man allein dem Merchandise, das Goethe inspirierte – Meißner Werther-Porzellan, Mignon-Postkarten, Goethe-Büsten – spielend eine eigene Ausstellung widmen. Das gilt aber auch für jeden anderen Aspekt der Bonner Ausstellung. Goethe als Naturwissenschaftler, als Gefühlsorientalist, als Klassiker oder Italienschwärmer: Hinter der notwendig material- und detailreichen Betrachtung steckt die Kompetenz der Stiftung Weimarer Klassik, des Freien Deutschen Hochstifts in Frankfurt, des Düsseldorfer Goethe-Museums und der Casa di[] Goethe in Rom. Mit rund 250 Ausstellungsstücken ist es das erste derart ambitionierte Projekt seit „Goethe und die Kunst" in der Frankfurter Schirn vor 25 Jahren. Und es muss vieles leisten: eine Einführung in den biografischen und historischen Kontext am Umbruch vom 18. zum 19. Jahrhundert, der Goethe prägte, dann die Auseinandersetzung mit zwei Jahrhunderten wechselnder Wahrnehmung Goethes als Mensch und Monument – sowie Rezeptions-, Interpretations-, und Aneignungsgeschichte seines Werks bis heute.

Angefangen bei der Kindheit in Frankfurt betrachten die einzelnen Stationen, in keilförmigen Sälen im Halbkreis um eine Zentralrotunde angelegt, große Themenkomplexe wie den Stürmer und Dränger, den Staatsmann, Reisenden, den Schiller-Freund und Napoleon-Verehrer, den Goethe der Farbenlehre, den Dramatiker und Sammler. Die Kuratoren versuchen, dieser Fülle durch beherztes Herausgreifen repräsentativer Details (man könnte auch sagen: durch informierten Mut zur Lücke) Herr zu werden. Das funktioniert weitgehend gut – nicht zuletzt deshalb, weil die „Verwandlung der Welt" mit wahrhaft spektakulären Exponaten aufwarten kann.

Es beginnt mit einer Zusammenstellung der fünf berühmtesten Goethe-Porträts, darunter jene von George Dawe (1821) und Georg Melchior Kraus (1776), und setzt sich fort mit der Pistole, mit der Karl Wilhelm Jerusalem, das Vorbild für Werther, sich 1772 erschoss. Hier ist das Reisedokument, mit dem Goethe 1787 unter dem Pseudonym „Milleroff" zu seiner Italien-Reise aufbrach, dort die Reinschrift des Gedichts „Ginkgo biloba" von 1815 mit ins Blatt gepressten Ginkgo-Blättern, dem Weimarer Juweliere bis heute einen schwunghaften Handel mit Ginkgo-Schmuck verdanken. All das wird besonders jenen Besuchern wohlige Schauer biografischer

Authentizität über den Rücken jagen, die mit einer gewissen Vorbildung in die Bundeskunsthalle kommen.

Es bleibt allerdings nicht aus, dass man sich an der einen oder anderen Stelle eine etwas andere Gewichtung gewünscht hätte. Während der „Faust" erfreulicherweise einen eigenen Saal mit Bühnenbildmodellen und Filmausschnitten diverser Inszenierungen bekommt, verhandelt die Schau die Weimarer Klassik in einer Abteilung mit der Französischen Revolution. Das ist zwar inhaltlich gut begründbar, denn während Schiller sich von 1793 an allmählich vom einsetzenden Terreur distanzierte, war Goethes Idealisierung der griechischen Antike von Beginn an ein humaner Gegenentwurf zu den Exzessen des gewalttätigen Umsturzes. Aber durch die Betonung des Politischen geraten die Nuancen des persönlichen Verhältnisses zwischen den beiden Dichtern etwas in den Hintergrund – auch wenn Goethes Antwortschreiben auf Schillers Einladung zur Mitarbeit an den Horen natürlich eine weitere Besonderheit darstellt.

Als faszinierend sticht in diesem gedrängten Feld ein kleiner Exkurs über die Genese des Weimarer Goethe-und-Schiller-Denkmals hervor, für das Christian Daniel Rauch die beiden in römische Togen kleiden wollte. Als dies abgelehnt wurde, gab er den Auftrag an Ernst Rietschel weiter, der sich für zeitgenössische Kleidung entschied. Goethes lebenslange Napoleon-Verehrung wird ebenso diskutiert wie der propagandistische Missbrauch der Klassiker durch die Nazis.

Wie selektive Aneignung funktioniert, ist sehr schön im Bereich über den „Dialog mit dem Orient" nachvollziehbar. Hier sind nicht nur Goethes „Arabische Schreibübungen" – letztlich abgemalte Schriftzeichen, deren Bedeutung er nicht kannte – zu sehen, sondern auch der Schlagabtausch zwischen dem damaligen Bundespräsidenten Christian Wulff und dem Publizisten Thilo Sarrazin 2010/2011 über die Rolle des Islams in Deutschland. Man nutzte damals zur Untermauerung seiner Sichtweise Zitate aus dem „West-östlichen Divan". „Noch nie in seiner wechselvollen Rezeptionsgeschichte" sei diese Gedichtsammlung von 1819 so sehr an die Funktion eines „heilgen Textes" herangerückt, so die Literaturwissenschaftlerin Andrea Polaschegg in ihrem erhellenden Katalogbeitrag: „eine wortwörtliche Quelle dogmatischer Wahrheit, dargeboten in Einzelversen ohne historischen Kontext und ohne jede literarische Dignität". Die Debatte zeigte zugleich, welche Bezugsgröße Goethe im bildungsbürgerlichen Kontext noch immer darstellt.

Optisch gibt die Farbenlehre am meisten her – und hat viel Platz. Dass Goethe mit seinen Versuchen, Isaac Newtons „naturferne" Analysen zu

Lichtbrechung und Spektralfarben zu widerlegen, scheiterte, wird nicht verschwiegen. Und dass eine Ausstellung auf visuelle Elemente wie die „Farbkreise" setzt, um abwechslungsreich und keine reine Textschau zu bleiben, ist auch völlig nachvollziehbar. Zumal die Rezeptionsgeschichte dem Ganzen nicht als Coda angehängt, sondern in jedem Raum mitpräsentiert ist. Welcher Kurator würde sich die Gelegenheit entgehen lassen, Goethes nachweisbaren Einfluss auf William Turner, das Frühwerk Piet Mondrians oder den Bauhäusler Johannes Itten mit Originalen zu illustrieren?

„Die Verwandlung der Welt", und das ist eine große Stärke, wird also sowohl Goethe-Kennern als auch interessierten Goethe-Novizen gerecht, indem sie die Balance zwischen breitem Überblick und tieferer Analyse hält und so eine ebenso solide wie inspirierte Einführung in den Goethe-Kosmos leistet. Eine gelungene Schau, die den Dichterfürsten nicht auf ein Podest stellt, sondern sich dessen eigene Beobachtung über Denkmäler zu eigen macht: „Das beste Monument des Menschen aber ist der Mensch."

Alexander Menden: *Wie's den Wissenden erbaut*. In: Süddeutsche Zeitung, 8./9./10.6.2019. https://www.sueddeutsche.de/kultur/geistesgeschichte-wie-s-den-wissenden-erbaut-1.4479645

Goethe in Wetzlar

Goethes Aufenthalt als Praktikant am Reichskammergericht in Wetzlar (1772) legte den Grundstein für seinen Roman *Die Leiden des jungen Werther*. Goethe verliebte sich dort in Charlotte Buff, die jedoch schon Johann Christian Kestner versprochen war, und verbrachte viel Zeit mit ihr und ihrem „Bräutigam". Auch nach Goethes überhasteter Abreise nach Weimar pflegte er Kontakt mit dem Ehepaar Kestner und stand im Briefwechsel. Literarisch verarbeitete er seine „Dreiecks-Erlebnisse", ergänzt um den Selbstmord von Karl Wilhelm Jerusalem, in seinem Briefroman.

Goethes Lotte

Fragt[e] man den „Literaturpapst" Marcel Reich-Ranicki um seine Meinung, so [stand] Goethes Briefroman „Die Leiden des jungen Werthers" ganz oben in der Aufzählung des literarischen Kanons. Dass das überaus erfolgreiche Werk bis heute zur Weltliteratur schlechthin zählt, verdankt es auch der Tatsache, dass Goethe darin eigene, schmerzhafte Erlebnisse bewältigt hat.

Bei seinem Aufenthalt am Reichskammergericht in Wetzlar lernt der junge Goethe 1772 die anmutige und lebensfrohe Charlotte Buff (1753–1828) kennen und verliebt sich heftig in sie. Doch ist sie bereits einem anderen Mann versprochen: Johann Christian Kestner (1741–1800), einem hannoverschen Staatsbeamten. Daher verschmäht sie die Liebe ihres Verehrers, obwohl sie von Goethes Offerten zumindest sehr geschmeichelt ist. Zu diesem Zeitpunkt ist ihr noch nicht bewusst, dass diese Zurückweisung ihre Zukunft entscheidend beeinflussen wird.

Goethe lernte Charlotte Buff 1772 auf der Fahrt zum Ball nach Volpertshausen kennen. Ihren Schattenriss fertigte er selbst an.

Goethe verlässt daraufhin fluchtartig Wetzlar und verarbeitet seine Emotionen in seinem ersten Roman „Die Leiden des jungen Werthers". Charlotte ist für ihn ein weibliches Idealbild: Noch in seinem Alterswerk „Dichtung und Wahrheit" spricht er von ihr als „ein wünschenswertes Frauenzimmer". Für den Werther-Roman hat sie ihn zu der literarischen Figur der Lotte inspiriert. Johann Christian Kestner verkörpert dort den nüchternen und vernunftbestimmten Albert. Als dessen Gegenpol fungiert die leidenschaftliche Titelfigur Werther. Diesem Charakter liegt zum Teil Goethe selbst zugrunde; seine unerfüllte Liebe zu Charlotte spiegelt sich in Werthers verzweifelter Hingabe an Lotte. Zudem zeichnet Werther das Schicksal von Karl Wilhelm Jerusalem (1747–1772) nach, eines jungen Juristenkollegen Goethes und Kestners in Wetzlar, der sich mitunter aus unerfüllter Liebe zu einer verheirateten Frau erschoss. Auch „Werther" sieht im Selbstmord den einzigen Ausweg – und wird so für eine ganze Generation zur Identifikationsfigur neu entdeckter Emotionalität und kompromissloser Hingabe.

Als „Die Leiden des jungen Werthers" 1774 erscheint, wird der Roman in kürzester Zeit zum Kultbuch einer ganzen Generation – ein Bestseller, der eine regelrechte Werther-Begeisterung schafft und so Intellekt, Lebensgefühl und Mode der damaligen Zeit prägt. Schon bald nach der Veröffentlichung finden die Leser heraus, dass hinter den literarischen Figuren reale Personen stecken. Durch die Aufdeckung der brisanten Dreiecksbeziehung wird die echte Charlotte, seit 1773 mit Johann Christian verheiratet und in Hannover wohnend, schlagartig berühmt. Sie muss nun mit dem unfreiwilligen Ruhm leben, der ihr stets hilfreich und hinderlich zugleich sein wird – bleibt sie doch für immer „Goethes Lotte".

Einführungstext zu der Ausstellung „Goethes Lotte" (2003) des Historischen Museums Hannover. www.zum.de/Faecher/G/BW/Landeskunde/w2/nsachsen/museen/ausst/lotte/tx1.htm

„Lottehaus": Das Geburtshaus von Charlotte Buff in Wetzlar ist heute ein Museum.

Briefwechsel 1772

Brief von Johann Christian Kestner an August v. Hennings (Briefentwurf Herbst 1772)

Im Frühjahr kam hier ein gewisser Goethe aus Frankfurt, seiner Hantirung nach Dr. juris, 23 Jahr alt, einziger Sohn eines sehr reichen Vaters, um sich hier [in Wetzlar] – das war seines Vaters Absicht – in praxi umzusehen, der seinigen nach aber, den Homer, Pindar etc. zu studieren, und was sein Genie, seine Denkungsart und sein Herz ihm weiter für Beschäftigungen eingeben würden.

Gleich Anfangs kündigten ihn die hiesigen schönen Geister als einen ihrer Mitbrüder und als Mitarbeiter an der neuen Frankfurter gelehrten Zeitung, beiläufig auch als Philosophen im Publico an, und gaben sich Mühe, mit ihm in Verbindung zu stehen. [...] Ich fand schon, daß er Genie hatte und eine lebhafte Einbildungskraft; aber dieses war mir doch noch nicht genug, ihn hochzuschätzen.[...]

Er hat sehr viel Talente, ist ein wahres Genie und ein Mensch von Charakter, besitzt eine außerordentlich lebhafte Einbildungskraft, daher er sich meistens in Bildern und Gleichnissen ausdrückt. Er pflegt auch selbst zu sagen, dass er sich immer uneigentlich ausdrücke, niemals eigentlich ausdrücken könne [...].

Er ist in allen seinen Affecten heftig, hat jedoch oft viel Gewalt über sich. Seine Denkungsart ist edel, von Vorurteilen so viel frei handelt er, wie es ihm einfällt, ohne sich darum zu bekümmern, ob es andern gefällt, ob es Mode ist, ob es die Lebensart erlaubt. Aller Zwang ist ihm verhasst.

Er liebt die Kinder und kann sich mit ihnen sehr beschäftigen. Er ist bizarre und hat in seinem Betragen, seinem Äußerlichen verschiedenes, das ihn unangenehm machen könnte. Aber bei Kindern, bei Frauenzimmern und vielen andern ist er doch wohl angeschrieben. Für das weibliche Geschlecht hat er sehr viele Hochachtung.[...]

Vor der christlichen Religion hat er Hochachtung, nicht aber in der Gestalt, wie sie unsere Theologen vorstellen. Er *glaubt* ein künftiges Leben, einen bessern Zustand. Er strebt nach Wahrheit, hält jedoch mehr vom Gefühl derselben, als von ihrer Demonstration.

Er hat schon viel getan und viele Kenntnisse, viel Lektüre, aber doch noch mehr gedacht und raisonniert. Aus den schönen Wissenschaften und Künsten hat er sein Hauptwerk gemacht, oder vielmehr aus allen Wissenschaften, nur nicht den sogenannten Brotwissenschaften.

Goethes Gespräche. Herausgegeben von Woldemar Freiherr von Biedermann, Band 1–10. Leipzig 1889–1896. Band 1, S. 24–26.

Brief von Karl Wilhelm Jerusalem an Johann Joachim Eschenburg über Goethe (18. Juli 1772)

Jetzt ist unser kleiner Leipziger Consul Born (gegenwärtig von Born) hier, der auf seinen Reisen recht artig geworden ist. Bey ihm ist sein Freund Göden. Er war zu unserer Zeit in Leipzig ein Geck, jetzt ist er noch ausserdem Frankfurter Zeitung-Schreiber.

Erich Schmidt: *Richardson, Rousseau und Goethe. Ein Beitrag zur Geschichte des Romans im 18. Jahrhundert*. Jena: Eduard Frommann, 1875. S. 151.

Radierung von Daniel Chodowiecki (1776): Werther lernt Lotte kennen, während sie ihren Geschwistern Brot schneidet (vgl. Brief vom 16. Juni).

Brief Goethes an Kestner (10. September 1772)

Er ist fort Kestner wenn Sie diesen Zettel kriegen, er ist fort. Geben Sie Lottchen innliegenden Zettel. Ich war sehr gefasst aber euer Gespräch hat mich aus einander gerissen. Ich kann Ihnen in den Augenblick nichts sagen, als leben Sie wohl. Wäre ich einen Augenblick länger bey euch geblieben, ich hätte nicht gehalten. Nun bin ich allein, und morgen geh ich. O mein armer Kopf.

Goethes Zettel an Charlotte Buff (10. September 1772)

Wohl hoff ich wiederzukommen, aber Gott weiß wann. Lotte wie war mirs bey deinen reden ums Herz, da ich wusste es ist das letztemal dass ich Sie sehe. Nicht das letztemal, und doch geh ich morgen fort. Fort ist er. Welcher Geist brachte euch auf den Diskurs. Da ich alles sagen durfte was ich fühlte, ach mir wars um hienieden zu thun, um Ihre Hand die ich zum letztenmal küsste. Das Zimmer in das ich nicht wiederkehren werde, und der liebe Vater der mich zum letztenmal begleitete. Ich binn nun allein, und darf weinen, ich lasse euch glücklich, und gehe nicht aus euern Herzen. Und sehe euch wieder, aber nicht morgen ist nimmer. Sagen Sie meinen Buben er ist fort. Ich mag nicht weiter.

Goethes Werke. Herausgegeben im Auftrag der Großherzogin Sophie von Sachsen. IV. Abteilung: Goethes Briefe, Bd. 1–50, Weimar 1887–1912. Band 2, S.20–21.

Brief Kestner an Goethe (2. November 1772)

Jerusalem ist die ganze Zeit seines hiesigen Aufenthalts missvergnügt gewesen, es sei nun überhaupt wegen der Stelle die er hier bekleidete, und dass ihm gleich anfangs (bei Graf Bassenheim) der Zutritt in den großen Gesellschaften auf eine unangenehme Art versagt worden, aber insbesondere wegen des Braunschweigischen Gesandten, mit dem er bald nach seiner Ankunft kundbar heftige Streitigkeiten hatte, die ihm Verweise vom Hofe zuzogen und noch weitere verdrießliche Folgen für ihn gehabt haben. Er wünschte längst und arbeitete daran, von hier wieder wegzukommen; [...].

Neben dieser Unzufriedenheit war er auch in des pfälz. Sekret. H... Frau verliebt. Ich glaube nicht, dass diese zu dergleichen Galanterie aufgelegt ist, mithin, da der Mann noch dazu sehr eifersüchtig war, musste diese Liebe vollends seiner Zufriedenheit und Ruhe den Stoß geben.

Er entzog sich allezeit der menschlichen Gesellschaft und den übrigen Zeitvertreiben und Zerstreuungen, liebte einsame Spaziergänge im Mondenscheine, gieng oft viele Meilen weit und hieng da seinem Verdruss und seiner Liebe ohne Hoffnung nach. [...]

Dabei behielt er seinen ganzen Kummer bei sich, und entdeckte solchen, oder vielmehr die Ursachen davon, nicht einmal seinen Freunden. [...]

Er las viel Romane, und hat selbst gesagt, dass kaum ein Roman sein würde, den er nicht gelesen hätte. Die fürchterlichsten Trauerspiele waren ihm die liebsten. Er las ferner philosophische Schriftsteller mit großem Eifer und grübelte darüber. Er hat auch verschiedene philosophische Aufsätze gemacht, die Kielmansegge gelesen und sehr von anderen Meinungen abweichend gefunden hat; unter andern auch einen besonderen Aufsatz, worin er den Selbstmord verteidigte.[...]

Am Mittewochen, da im Kronprinz groß Fest war und jeder jemanden zu Gast hatte, gieng er, ob er gleich sonst zu Haus aß, zu Tisch und brachte den Secr. H... mit sich. Er hat sich da nicht anders als sonst, vielmehr muntrer betragen. Nach dem Essen nimmt ihn Secret. H... mit nach Haus zu seiner Frau. Sie trinken Kaffee. Jerusalem sagt zu der H...: Liebe Frau Sekretairin, dies ist der letzte Kaffee, den ich mit ihnen trinke. – Sie hält es für Spaß und antwortet in diesem Tone. Diesen Nachmittag (Mittwochs) ist Jerusalem allein bei H...s gewesen, was da vorgefallen, weiß man nicht; vielleicht liegt hierin der Grund zum Folgenden.– [...]

Inzwischen, oder noch später, ist unter H... und seiner Frau etwas vorgegangen, wovon H... einer Freundin vertrauet, dass sie sich über Jerusalem etwas entzweiet und die Frau endlich verlangt, dass er ihm das Haus verbieten solle, worauf er es auch folgenden Tags in einem Billet getan. [...]

Donnerstags Morgens schickt Secret. H... Jerualem ein Billet. [...] Um 11 Uhr schickt Jerusalem wiederum ein Billet an Secret. H..., dieser nimmt es dem Bedienten nicht ab [...]. Mittags isset er zu Haus, aber wenig, etwas Suppe. Schickt um 1 Uhr ein Billet an mich und zugleich an seinen Gesandten, worin er diesen ersucht, ihm auf diesen (oder künftigen Monat) sein Geld zu schicken. [...]

Ich war inzwischen zu Haus gekommen, es mochte ½ 4 Uhr sein, als ich das Billet bekam:

„Dürfte ich Ew. Wohlgeb. wohl zu einer vorhabenden Reise um ihre Pistolen gehorsamst ersuchen?

J. "

Da ich nun von alle dem vorher erzählten und von seinen Grundsätzen nichts wusste, indem ich nie besondern Umgang mit ihm gehabt – so hatte ich nicht den mindesten Anstand ihm die Pistolen sogleich zu schicken. [...]

Den ganzen Nachmittag war Jerusalem für sich allein beschäftiget, kramte in seinen Papieren, schrieb, ging, wie die Leute unten im Hause gehört, oft im Zimmer heftig auf und nieder. Er ist auch verschiedene Mal ausgegangen, hat seine kleinen Schulden [...] bezahlt [...].

Der Bediente ist zu Jerusalem gekommen, um ihm die Stiefel auszuziehen. Dieser hat aber gesagt, der gienge noch aus; wie er auch wirklich getan hat, vor das Silbertor auf die Starke Weide, und sonst auf die Gasse, wo er bei Verschiedenen, den Hut tief in die Augen gedrückt, vorbei gerauscht ist, mit schnellen Schritten, ohne jemand anzusehen. Man hat ihn auch um diese Zeit eine ganze Weile an dem Fluss stehen sehen, in einer Stellung, als wenn er sich hineinstürzen wolle (so sagt man).

Vor 9 Uhr kommt er zu Haus, sagt dem Bedienten, es müsse im Ofen noch etwas nachgelegt werden, weil er so bald nicht zu Bette ginge, auch solle er auf Morgen früh 6 Uhr alles zurecht machen, lässt sich auch noch einen Schoppen Wein geben. [...]

Da nun Jerusalem allein war, scheint er alles zu der schrecklichen Handlung vorbereitet zu haben. Er hat seine Briefschaften alle zerrissen und unter den Schreibtisch geworfen, wie ich selbst gesehen. Er hat zwei Briefe, einen an seine Verwandte, den andern an H... geschrieben; [...] Erster, den der Medicus andern Morgens gesehen, hat überhaupt nur folgendes enthalten, wie Dr. Held, der ihn gelesen, mir erzählt: Lieber Vater, liebe Mutter, liebe Schwestern und Schwager, verzeihen Sie Ihrem unglücklichen Sohn und Bruder; Gott, Gott, segne euch!

In dem zweiten hat er H... um Verzeihung gebeten, dass er die Ruhe und das Glück seine Ehe gestört, und unter diesem teuren Paar Uneinigkeit gestiftet etc. Anfangs sei seine Neigung gegen seine Frau nur Tugend gewesen etc. In der Ewigkeit aber hoffe er ihr einen Kuss geben zu dürfen etc. Er soll drei Blätter groß gewesen sein, und sich damit geschlossen haben: ‚Um 1 Uhr. In jenem Leben sehen wir uns wieder.' (Vermutlich hat er sich sogleich erschossen, da er diesen Brief geendigt.) [...]

Nach diesen Vorbereitungen, etwa gegen 1 Uhr, hat er sich denn über das rechte Auge hinein durch den Kopf geschossen. Man findet die Kugel nirgends. Niemand im Hause hat den Schuss gehört. [...]

Es scheint sitzend im Lehnstuhl vor seinem Schreibtisch geschehen zu sein. Der Stuhl hinten im Sitz war blutig, auch die Armlehnen. Darauf ist er vom Stuhle heruntergesunken, auf der Erde war noch viel Blut. Er muss sich auf der Erde in seinem Blute gewälzt haben; erst beim Stuhle war eine große Stelle von Blut; die Weste vorn ist auch blutig; er scheint auf dem Gesichte gelegen zu haben; dann ist er weiter, um den Stuhl herum, nach dem Fenster hin gekommen, wo wieder viel Blut gestanden, und er auf dem Rücken entkräftet gelegen hat. (Er war in völliger Kleidung, gestiefelt, im blauen Rock mit gelber Weste.)

Morgens vor 6 Uhr geht der Bediente zu seinem Herrn ins Zimmer, ihn zu wecken; das Licht war ausgebrannt, es war dunkel, er sieht Jerusalem auf der Erde liegen, bemerkt etwas Nasses, und meint er möge sich übergeben haben; wird aber die Pistole auf der Erde, und darauf Blut gewahr, ruft: Mein Gott, Herr Assessor, was haben sie angefangen; schüttelte ihn, er giebt keine Antwort, und röchelt nur noch. Er läuft zu Medicis und Wundärzten. Sie kommen, es war aber keine Rettung. [...]

Das Gerücht von dieser Begebenheit verbreitete sich schnell; die ganze Stadt war in Schrecken und Aufruhr. Ich hörte es erst um 9 Uhr, meine Pistolen fielen mir ein, und ich weiß nicht, dass ich kurzens so sehr erschrocken bin. Ich zog mich an und gieng hin. Er war auf das Bette gelegt, die Stirne bedeckt, sein Gesicht schon wie eines Toten, er rührte kein Glied mehr, nur die Lunge war noch in Bewegung, und röchelte fürchterlich, bald schwach, bald stärker, man erwartete seit Ende. [...] Hin und wieder lagen Bücher und von seinen eigenen schriftlichen Aufsätzen. Emilia Galotti lag auf einem Pult am Fenster aufgeschlagen [...].

Gegen 12 Uhr starb er. Abends ¾ 11 Uhr ward er auf dem gewöhnlichen Kirchhof begraben, [...] in der Stille mit 12 Lanternen und einigen Begleitern; Barbiergesellen haben ihn getragen; das Kreuz ward voraus getragen; kein Geistlicher hat ihn begleitet.

August Kestner: *Goethe und Werther: Briefe Goethe's, meistens aus seiner Jugendzeit, mit erläuternden Dokumenten.* Stuttgart und Tübingen: J. G. Cotta'scher Verlag, 1854.

In diesem Gebäude am Schillerplatz in Wetzlar wohnte einst Karl Wilhelm Jerusalem, das Vorbild für Goethes Werther-Figur.

Brief Goethes an Johann Christian Kestner (November 1772)

Der unglückliche Jerusalem. Die Nachricht war mir schröcklich und unerwartet, es war grässlich zum angenehmsten Geschenck der Liebe diese Nachricht zur Beylage. Der unglückliche. Aber die Teufel, welches sind die schändlichen Menschen die nichts geniessen denn Spreu der Eitelkeit, und Götzen Lust in ihrem Herzen haben, und Götzendienst predigen, und hemmen gute Natur, und übertreiben und verderben die Kräffte, sind schuld an diesem Unglück an unserm Unglück. Hohle sie der Teufel ihr Bruder. Wenn der verfluchte Pfaff sein Vater nicht schuld ist, so verzeih mirs Gott, dass ich ihm wünsche er möge den Hals brechen wie Eli. Der arme iunge! wenn ich zurückkam vom Spaziergang und er mir begegnete hinaus im Mondschein, sagt ich er ist verliebt. Lotte muss sich noch erinnern daß ich drüber lächelte. Gott weis die Einsamkeit hat sein Herz untergraben, und – seit sieben iahren kenn ich die Gestalt, ich habe wenig mit ihm geredet, bey meiner Abreise nahm ich ihm ein Buch mit das will ich behalten und sein Gedencken so lang ich lebe.

Danck euch ihr Kinder alle, das ist heilsamer herrlicher Trost, wenn ich euer Andenken seh, und eure Freude. Es war doch gut dass es so zusammen kam, leben und Todt, Trauer und freud. Wie anders wie anders als wie sich Goue sollte erschossen haben. Lebt wohl. Grüsst Lotten tausendmal. Wie glücklich seyd ihr.

Goethes Werke. Herausgegeben im Auftrag der Großherzogin Sophie von Sachsen. IV. Abteilung: Goethes Briefe, Bd. 1–50, Weimar 1887–1912. Bd. 2, S. 33.

Zeitgenössische Rezeption und „Wertheriaden"

„Es gab Werther-Selbstmorde, Feiern zu Werthers Gedächtnis am Grabe seines Urbildes, Werther-Predigten gegen das Schandwerk, Werther-Karikaturen, und das nicht nur für ein Jahr, sondern auf Jahrzehnte hinaus, in Deutschland, in England, Frankreich, Holland, Skandinavien."

Richard Friedenthal: *Goethe – ein Leben und seine Zeit*. München: Piper, 1991, S.137.

BIOGRAFIE WORT- UND SACHERKLÄRUNGEN MATERIALIEN

BIOGRAFIE
WORT- UND SACHERKLÄRUNGEN
MATERIALIEN

Christian Friedrich Schubart (*Deutsche Chronik*, 5.Dezember 1774)

Da sitz ich mit zerfloßnem Herzen, mit klopfender Brust, und mit Augen, aus welchen wollüstiger Schmerz tröpfelt, und sag dir, Leser, dass ich eben *Die Leiden des jungen Werther* von meinem lieben Goethe – gelesen? – nein, verschlungen habe. Kritisiren soll ich? Könnt ich's, so hätt ich kein Herz. Göttin Kritica steht ja selbst vor diesem Meisterstücke des allerfeinsten Menschengefühls da. Mir war's, als ich Werthers Geschichte las, wie der Rahel im 11. Gesang des *Messias*, wie sie im himmlischen Gefühl zerrann, und unter dem Gelispel des wehenden Bachs erwachte. – Ein Jüngling, voll Lebenskraft, Empfindung, Sympathie, Genie, so wie ohngefähr Goethe, fällt mit dem vollen Ungestüm einer unbezwinglich haftenden Leidenschaft auf ein himmlisches Mädchen. Die ist aber schon verlobt, und vermählt sich mit einem braven Manne. Aber dieses Hindernis verstärkt nur Werthers Liebe. Sie wird immer unruhiger, heftiger, wütender, und nun – ist jede Wonne des Lebens für ihn tot. Er entschließt sich zum Selbstmorde, und führt ihn auch aus. Diesen simplen Stoff weiß der Verfasser mit so viel Aufwand des Genies zu bearbeiten, dass die Aufmerksamkeit, das Entzücken des Lesers mit jedem Briefe zunimmt. Das sind keine Episoden, die den Helden der Geschichte, wie goldnes Gefolgt einen verdienstlosen Fürsten, umgeben; der Held, *Er*, *Er* ganz allein, lebt und webt in allem, was man liest; *Er*, *Er* steht im Vordergrunde, scheint aus der Leinwand zu springen, und zu sagen: „Schau, das bin ich, der junge leidende Werther, Dein Mitgeschöpf! So musst ich vollen irdenes Gefäß am Feuer aufkochen, aufsprudeln, zu zerspringen." – Die eingestreuten Reflexionen, die so natürlich aus den Begebenheiten fließen, sind voll Sinn, Weltkenntnis, Weisheit und Wahrheit. Thomsons Pinsel hat nie richtiger, schöner, schrecklicher gemalt, als Goethes. Soll ich einige schöne Stellen herausheben? Kann nicht; das hieße mit dem Brennglas Schwamm anzünden, und sagen: „Schau, Mensch, das ist Sonnenfeur!" – Kauf's Buch, und lies selbst! Nimm aber dein Herz mit! – Wollte lieber ewig arm sein, auf Stroh liegen, Wasser trinken, und Wurzeln essen, als einem solchen sentimentalischen Schriftsteller nicht nachempfinden können.

M. Christ. Fried. Daniel Schubart: *Deutsche Chronik. Auf das Jahr 1774.* Augsburg. S. 574–576.

Kurze aber nothwendige Erinnerung über die *Leiden des jungen Werthers* (Johann Melchior Goeze, 1775)

Zu den Schriften die der Herr Verfasser als sichtbare Beyspiele der Ausbrüche des Verderbens unsrer Zeiten anführet, rechnen wir billig noch die *Leiden* (Narrheiten und Tollheiten sollte es heißen) *des jungen Werther*, einen Roman, welcher keinen andern Zweck hat, als das Schändliche von dem Selbstmorde eines jungen Witzlings, den eine närrische und verbotene Liebe, und eine daher entsprungene Desperation zu dem Entschlusse gebracht haben, sich die Pistole vor dem Kopf zu setzen, abzuwischen, und diese schwarze That als eine Handlung des Heroismus vorzuspiegeln, einen Roman, der von unsern jungen Leute nicht gelesen sondern verschlungen wird, und über dessen Verfasser noch viele Aeltern Ach! und Weh! schreyen werden, wenn sie nun ihre grauen Haare mit Herzeleid in die Grube bringen müssen, wenn er ihre Söhne verleitet, die Denkungsart des *Werthers* anzunehmen, in seine Fußstapfen zu treten, und wenn sie die unsinnigen Leidenschaften ihres Herzens nicht sättigen können, Hand an sich selbst zu legen [...]. Natürlich kann die Jugend keine andere als diese Lehren daraus ziehen: Folgt euren natürlichen Trieben. Verliebt euch, um das Leere eurer Seelen auszufüllen. Gaukelt in der Welt herum: will man euch zu ordentlichen Berufsgeschäften führen, so denket an das Pferd, das sich unter den Sattel bequemte, und zu schaden geritten wurde. Will es zuletzt nicht mehr gehen, wohlan, ein Schuß Pulver ist hinlänglich aller eurer Noth ein Ende zu machen. Wan wird eure Grosmuth bewundern, und den Schönen wird euer Name heilig seyn. Und was ist zuletzt das Ende von diesem Liede? diese: Lasset uns essen und trinken und fröhlich seyn, wir können sterben wenn wir wollen. Ohngefähr sind wir geboren und ohngefähr fahren wir wieder dahin, als wären wir nie gewesen.

Johann Melchior Goeze: *Kurze aber nothwendige Erinnerung über die Leiden des jungen Werthers*. Hamburg, 1775. S. 3–6.

Freuden des jungen Werthers (Friedrich Nicolai, 1775)

Voran und zuletzt ein Gespräch

Personen:
Hanns, ein Jüngling
Martin, ein Mann

[...] Hanns: »Wenn du denn Werthern liebst, siehst du nicht, wie gut es wäre, wir wären alle so wie Werther, unserer Kräfte uns bewußt, und wir brauchten unsre Kräfte, soweit es ging, und keiner ließe sich durch Gesetz und Wohlstand modeln?«

Martin: »Schau, Hanns, dazu hat, wenn ich's recht sehe, der Autor die ›Leiden des jungen Werthers‹ nicht geschrieben, dir und deinesgleichen nicht! Er kennt euch besser, euch junge Burschen (Hanns, du bist auch einer davon!), die ihr eben flügge seid und anfangt, aus der hohen Schule in die Welt zu gucken. Euch Kerlchen ist nichts recht. Alles wißt ihr besser. Was der Welt nützt, möchtet ihr nicht lernen, denn es wäre Brotwissenschaft. Eingeführter guter Ordnung wollt ihr euch nicht fügen, denn das wäre Einschränkung. Was andre tun, möchtet ihr nicht, wollt Originale sein, wollt es anders haben; es ist lange genug so gewesen. Was kümmern euch Gesetze und Ordnungen und Staaten und Reiche und Könige und Fürsten. Prätorianische Garden wollt ihr haben und ein bißchen Faustrecht und Keulen und Völkerwanderungen. Da wäre noch Selbständigkeit in den Menschen, da ginge es doch fein kunterbunt zu. Sa, sa, wär's nicht ein Leben, wenn ihr dann so zusehen könntet, wie das alles passiert, und ließet eure winzigen Seelchen drob erschüttern und könntet schreien: He, da ist Kraft und Tat! Ja, zusehen und drob schreien würdet ihr Bürschchen, und nichts weiter. Denn was auch in der Welt vorginge: Ihr tätet's nicht! Es ist doch in euern lappigen Mäuslein keine Schnellkraft, noch Festigkeit in euern leeren Geistern. Ihr plaudert da viel von Kraft und Stetigkeit und seid arme lässige, herumtrollende Flittchen. Ihr habt ein weidlich Geschwätz von Einschränkung und Modelung und Polierung und Nachahmung und gäbt doch nicht ein Polsterchen von eurem Sorgenstuhl oder ein Schleifchen von eurem Haarbeutel weg, damit es anders würde. Euch Püppchen würde es auch frommen, wenn das Faustrecht gälte: ihr müßtet dann aus dem Lande laufen. Daß ihr Springinsfelde Werther würdet, damit hat es nicht not, dazu habt ihr das Zeug nicht. Aber wohl könnt ihr am guten Werther von weitem sehen, wohin es führen muß, wenn einer auch beim besten Kopfe und beim edelsten Herzen immer allein für sich sein, immer Kräfte anstrengen und immer dabei außerm Gleise ziehen will. Wenn dabei Kraft und

Wertheriaden. Nicolais Parodie *Freuden des jungen Werthers* erschien 1775: Albert tritt zurück und überlässt in dieser Version Lotte an Werther.

Stetigkeit in der Seele ist (ist die aber nicht da, so ist's eitel lächerlich), und ein Unglück stemmt sich darwider, wo will da Trost oder Entschluß herkommen, muß da nicht, wie der Autor vortrefflich sagt: ›... die ganz in sich gedrängte sich selbst ermangelnde und unaufhaltsam hinabstürzende Kreatur in den innern Tiefen ihrer vergebens aufarbeitenden Kräfte knirschen?‹ Das würde euch nicht frommen, ihr Füllen, die ihr Rosse wollt sein, ehe es Zeit ist! Zieht denn nur ruhig am Seil, an das ihr gespannt seid, und laßt euch füttern, und wähnt nicht, daß es euch im Walde besser wäre.« [...]

Hanns: »Aber, Mensch! Du bist kalt wie ein Stein. Mußt du nicht Werthern bedauern, inniglich im Herzen bedauern?«

Martin: »Bedauern? Ja. Lieben und bedauern! Wo so viele edle Kräfte, bloß zur unruhigen Lässigkeit verwendet, ungenutzt vermodern, wo einer, der so viele wichtige Zwecke sehen und erfüllen konnte, tobender endloser Leidenschaft folgt, bis Natur unter Anstrengung erliegt: wer will da nicht bedauern! Aber bloß bedauern? Was meinst du: wenn Werther den Menschen im schlechten grünen Rocke, der zwischen den Felsen Blumen suchte, anstatt der Blumen mit der Pistole in der Hand gefunden hätte, wie er sich eben die Mündung übers rechte Auge an die Stirn drückte, hätte er da ruhig warten sollen, bis der Schuß geschehen wäre, hernach die Achseln zucken und sagen: ›Der Mensch hat das Maß seines Leidens nicht ausdauern können‹?« [...]

Hanns: »Steht er nicht da und spricht weise wie ein Buch? Als wenn Werther beim Sturme seiner Leiden so vorsichtig hätte handeln können! Da stirbt einer am hitzigen Fieber! Sagst du, Mensch, nicht auch wie Lukas in der Komödie: Warum hat er sich doch nicht kurieren lassen! Hätte der Tor nicht warten können? Er starb zu schnell!«

Martin: »Gut, daß du gestehst, daß der Mensch, der seinen Körper zerstören will, sich in einem ebenso unnatürlichen Zustand befindet wie einer, der ein hitziges Fieber hat. Aber ich sage dem Kranken doch nicht: Warte, ehe du stirbst, bis sich deine Säfte verbessert, deine Kräfte erholt haben. Ich sage: Freund, du liegst in einer engen Stube voll fauler Dünste; öffne das Fenster, draußen ist des lieben Gottes reine Luft, die alle Kreaturen erquickt; trink einen Julep, der dein Blut abkühlt; nimm einen Chinatrank, der Fäulnis hindert und Kraft gibt. Dies war Werther auch sich selbst schuldig. Die ganze Welt lag ja vor ihm. Und war er, der Edelsten einer, der Welt nichts zu leisten schuldig? Warum wollte er einzeln sein? Wenn ihn Menschen haben mochten, sich an ihn hängten, deren Weg nur so eine kleine Strecke mit seinem ging, warum schlenderte er nicht ihren Weg mit ihnen eine kleine Strecke weiter, bloß weil's Menschen, eine recht gute Art Volks waren? Er würde viel besser mit sich gestanden haben. Die vielerlei Menschen, die allerlei neuen Gestalten, die dem in sich und in seine Leidenschaften eingeschlossenen gleichgültigen Werther sonst nur ein buntes Marionettenspiel machten, würden ein heilsames Kühlungs- und Stärkungsmittel geworden sein, wenn er teilgenommen und bedacht hätte: Sie sind ja was ich bin, Menschen. Die Kräfte, die in ihm ungenutzt ruhten: hätte er sie entwickelt und gebraucht, so würde ihm in Kürze die Welt wenigstens so gefallen haben wie der kleine Knabe, den er ungeachtet seines Rotznäschens küßte. Und die Welt würde ihm die Hand geboten haben wie das freimütige Kind.«

Hanns: »Das ist alles schön und gut, aber es war mit Werthern zu weit, es konnte nun nicht anders werden, mußte notwendig so kommen.«

Martin: »Versteh mich! Wenn du Werthern betrachtest wie den Ton in der Hand des Töpfers, wie einen Charakter in der Hand des Dichters, so mußte es so kommen. Der Autor hat freilich mit seltener Kenntnis alle Züge dieses schwärmerischen Charakters so zusammengesetzt, mit bewundernswürdiger Feinheit alle Begebenheiten, auch die kleinsten, so eingeleitet, daß die schreckliche Katastrophe natürlich erfolgt, die uns das herbe Ach! auspressen soll. Stellst du dir aber Werthern vor als einen Menschen, der in der Gesellschaft lebt, so hat er unrecht, daß er einzeln sein und die Menschen um sich als Fremde ansehen wollte. Er hatte, seit er an der Mutter Brust lag, die Wohltaten der Gesellschaft genossen, er war ihr dagegen Pflichten schuldig. Sich ihnen entziehen war Undank und Laster; sie ausüben würde Tugend und Beruhigung gewesen sein. Selbst nachdem er schon die hoffnungslosen Todesbriefe geschrieben hatte, selbst da noch (hätte er gedacht, daß er noch Sohn, Bürger, Vater, Freund sein könnte, sein müßte) konnte noch Trost und Zufriedenheit von vielen Seiten her auf seine bedrängte Seele fließen, wenn er nicht mit einem Stoße die Tür zuwarf.«

Hanns: »Ich wüßte wahrlich nicht, wie Werther da noch glücklich hätte werden können; war ja seines Leidens kein Ende zu finden.«

Martin: »Wollen's mal sehen. Die geringste Veränderung tut's wohl: gibt Freuden, Leiden, wieder Freuden und allerlei. Setze z. B. den einzigen kleinen Umstand: als Albert, des lange verschobenen Geschäfts wegen, wegritt und Werther Lotten zuletzt besuchte, waren Albert und Lotte noch nicht verheiratet, nur so gut als verlobt; die Hochzeit sollte in Weihnachten sein. Du siehst, ich denk mir's so, weil die Szene um Worms liegt, wo man sich nicht so leicht scheiden kann wie in Brandenburg. Wär's da, änderte ich auch dies nicht. Lotte mag in einem Hause mit Albert wohnen oder dicht daneben bei ihrer Tante oder bei wem du sonst willst. Albert ist wiedergekommen, hat gehört, daß Werther seine Zeit wohl nahm und gestern eine Stunde da war.

Friedrich Nicolai: *Freuden des jungen Werthers.* Berlin, 1775. S. 9–20.

Nicolai auf Werthers Grab (Goethes Spottgedicht über Nicolai, ca. 1775)

Ein junger Mensch, ich weiß nicht wie,
Starb einst an der Hypochondrie
Und ward denn auch begraben.
Da kam ein schöner Geist herbei,
Der hatte seinen Stuhlgang frei,
Wie's denn so Leute haben.
Der setzt' notdürftig sich aufs Grab
Und legte da sein Häuflein ab,
Beschaute freundlich seinen Dreck,
Ging wohl eratmet wieder weg
Und sprach zu sich bedächtiglich:
»Der gute Mensch, wie hat er sich verdorben!
Hätt er geschissen so wie ich,
Er wäre nicht gestorben!«

In: Eugen Wolff: *Der junge Goethe: Goethes Gedichte in ihrer geschichtlichen Entwicklung.* Oldenburg, Leipzig: Schulze, 1907. S. 188.

Aus meinem Leben. Dichtung und Wahrheit (Johann Wolfgang von Goethe)

Die Freuden des jungen Werther, mit welchen Nicolai sich hervortat, gaben uns zu mancherlei Scherzen Gelegenheit. Dieser übrigens brave, verdienst- und kenntnisreiche Mann hatte schon angefangen, alles niederzuhalten und zu beseitigen, was nicht zu seiner Sinnesart paßte, die er, geistig sehr beschränkt, für die echte und einzige hielt. Auch gegen mich mußte er sich sogleich versuchen, und jene Broschüre kam uns bald in die Hände. Die höchst zarte Vignette von Chodowiecki machte mir viel Vergnügen; wie ich denn diesen Künstler über die Maßen verehrte. Das Machwerk selbst war aus der rohen Hausleinwand zugeschnitten, welche recht derb zu bereiten der Menschenverstand in seinem Familienkreise sich viel zu schaffen macht. Ohne Gefühl, daß hier nichts zu vermitteln sei, daß Werthers Jugendblüte schon von vornherein als vom tödlichen Wurm gestochen erscheine, läßt der Verfasser meine Behandlung bis Seite 214 gelten, und als der wüste Mensch sich zum tödlichen Schritte vorbereitet, weiß der einsichtige psychische Arzt seinem Patienten eine mit Hühnerblut geladene Pistole unterzuschieben, woraus denn ein schmutziger Spektakel, aber glücklicherweise kein Unheil hervorgeht. Lotte wird Werthers Gattin, und die ganze Sache endigt sich zu jedermanns Zufriedenheit. Soviel wüßte ich mich davon zu erinnern: denn es ist mir nie wieder unter die Augen gekommen. Die Vignette hatte ich ausgeschnitten und unter meine liebsten Kupfer gelegt. Dann verfaßte ich, zur stillen und unverfänglichen Rache, ein kleines Spottgedicht, *Nicolai auf Werthers Grabe*, welches sich jedoch nicht mitteilen läßt. Auch die Lust, alles zu dramatisieren, ward bei dieser Gelegenheit abermals rege. Ich schrieb einen prosaischen Dialog zwischen Lotte und Werther, der ziemlich neckisch ausfiel. Werther beschwert sich bitterlich, daß die Erlösung durch Hühnerblut so schlecht abgelaufen. Er ist zwar am Leben geblieben, hat sich aber die Augen ausgeschossen. Nun ist er in Verzweiflung, ihr Gatte zu sein und sie nicht sehen zu können, da ihm der Anblick ihres Gesamtwesens fast lieber wäre als die süßen Einzelheiten, deren er sich durchs Gefühl versichern darf. Lotten, wie man sie kennt, ist mit einem blinden Manne auch nicht sonderlich geholfen, und so findet sich Gelegenheit, Nicolais Beginnen höchlich zu schelten, dass er sich ganz unberufen in fremde Angelegenheiten mische. Das ganze war mit gutem Humor geschrieben und schilderte mit freier Vorahnung jenes unglückliche dünkelhafte Bestreben Nicolais, sich mit Dingen zu befassen, denen er nicht gewachsen war, wodurch er sich und andern in der Folge viel Verdruss machte und darüber zuletzt, bei so entschiedenen Verdiensten, seine literarische Achtung völlig verlor. Das Originalblatt dieses Scherzes ist niemals abgeschrieben worden und seit vielen Jahren verstoben. Ich hatte für die kleine Produktion eine besondere Vorliebe. Die reine heiße Neigung der beiden jungen Personen war durch die komisch tragische Lage, in die sie sich versetzt fanden, mehr erhöht als geschwächt. Die größte Zärtlichkeit waltete durchaus, und auch der Gegner war nicht bitter, nur humoristisch behandelt. Nicht ganz so höflich ließ ich das Büchlein selber sprechen, welches, einen alten Reim nachahmend, sich also ausdrückte:

Mag jener dünkelhafte Mann
Mich als gefährlich preisen;
Der Plumpe, der nicht schwimmen kann,
Er wills dem Wasser verweisen!
Was schiert mich der Berliner Bann,

Geschmäcklerpfaffenwesen!
Und wer mich nicht verstehen kann,
Der lerne besser lesen.

Goethes Werke: Vollständige Ausgabe letzter Hand. Fünfundzwanzigster Band. Stuttgart und Tübingen: J. G. Cotta'scher Verlag, 1890. S. 228–230.

„Moderne“ *Werther*-Rezeption: Und heute?

Ulrich Plenzdorf: Unangepasster Romanheld der DDR (Michael Opitz)

Ulrich Plenzdorfs Stück „Die neuen Leiden des jungen W.“ wurde vor 40 Jahren uraufgeführt

In „Die neuen Leiden des jungen W.“ erzählt Ulrich Plenzdorf eine Geschichte über den [jugendlichen] Aussteiger, der in der ehemaligen DDR lebt. Dabei zieht er Parallelen zu Goethes Werther. Die DDR-Politik tat sich damit schwer. Vor 40 Jahren konnte das Stück erstmals in Halle aufgeführt werden.

„Old Jeans? – No[]
New Jeans? – No“

„Jeans sind wahrscheinlich eine Einstellung und keine Hose.“

Dieser Satz aus Ulrich Plenzdorfs Stück „Die neuen Leiden des jungen W.“, das am 18. Mai 1972 im Landestheater Halle unter der Regie von Horst Schönemann uraufgeführt wurde, verbreitete sich unter den DDR-Jugendlichen wie ein Lauffeuer.

„Oder kann sich jemand ein Leben ohne Jeans vorstellen?“

Eigentlich nicht. Doch in der DDR gab es keine echten Bluejeans zu kaufen. Wer dennoch welche besaß, hatte sie von Freunden oder Verwandten aus dem Westen.

„Oh Bluejeans ...“

Mit diesem Bekenntnis zu einer Hose, die offiziell als Ausdruck westlicher Unkultur galt, traf Ulrich Plenzdorf den richtigen Ton.

„Oh Bluejeans, yeah.“

Jules Massenet adaptierte 1892 den Werther-Stoff für die Oper: Im Bild eine Aufführung am Deutschen Nationaltheater Weimar (2014).

Es gab in der DDR Tanzlokale, die wiesen mit Schildern an den Türen darauf hin, dass „Nieten in Niethosen" unerwünscht waren. Wer Jeans trug, musste draußen tanzen und gehörte wie Edgar Wibeau, die zentrale Figur in Ulrich Plenzdorfs Stück „Die neuen Leiden des jungen W.", nicht dazu. Aber mit Edgar als Vortänzer öffneten sich – wenn auch nur allmählich – bis dahin verschlossen gebliebene Türen. In nur zwei Spielzeiten von 1972 bis 1974 erlebte Plenzdorfs Stück 17 Inszenierungen. Ursprünglich sollte die Geschichte verfilmt werden.

„Das war ja wie fast alles, was ich geschrieben hab vorher, ein Drehbuch oder ein Szenarium, und wir kriegten das bei der DEFA ja nicht durch."

Plenzdorfs jugendlicher Held Edgar Wibeau ist ein Aussteiger – aber einer mit Format. Der Berufsschüler hat einen Notendurchschnitt von 1,1 und schmeißt dennoch die Lehre. Edgar zieht in ein Gartenhäuschen am Rande der Stadt, weil er dort machen kann, wozu er Lust hat. Er verweigert sich und er will doch gebraucht werden. Als er auf der Suche nach einem Buch ist, findet er auf dem Plumpsklo Goethes „Die Leiden des jungen Werther". Kein klassischer Ort für die Begegnung mit dem literarischen Erbe, aber Edgar erkennt in Werther einen Wahlverwandten. Dieser respektlose Umgang mit der Klassik rief in der DDR mit Friedrich Karl Kaul einen prominenten Kritiker auf den Plan, der Edgars Sprache einfach nur „ekelhaft" fand. Es war nicht leicht, das Stück auf die Bühne zu bringen. Regisseur Horst Schönemann musste den Kulturverantwortlichen in der DDR eine überzeugende Geschichte anbieten. Ulrich Plenzdorf vermutet, er könnte so argumentiert haben.

„Es handelt sich um junge Leute und die aktuelle Musik wird gespielt werden. Es ist eine Liebesgeschichte und es gibt in der Story auch eine Vorbildfigur, an der sich der junge Held orientiert und alles so'n Schwachsinn wurde dann geliefert aus taktischen Gründen."

Plenzdorfs Stück „Die neuen Leiden des jungen W." wurden zum Prüfstein für die vom Vorsitzenden des Staatsrates der DDR, Erich Honecker, im Dezember 1971 ausgegebene Erklärung:

„Wenn man von der festen Position des Sozialismus ausgeht, kann es meines Erachtens auf dem Gebiet von Kunst und Literatur keine Tabus geben."

Plenzdorfs Figur akzeptiert keine Tabus – nicht einmal den Tod, denn er erzählt seine Geschichte aus dem Jenseits. Mit toten Helden aber tat sich die DDR-Kulturpolitik äußerst schwer.

„Tod hat nie einen Selbstzweck bei mir, bezieht sich immer darauf, dass ich meine, dass man solche Dinge bei den Geschichten von Leuten nicht ausklammern darf."

Edgar sucht seinen Weg allein, wobei er auf die gut gemeinten Ratschläge des Kollektivs verzichtet. Auch auf Vorbilder pfeift er – Edgar „möchte so werden, wie er einmal wird."

„Das Buch hat mit Biografie überhaupt nichts zu tun – schon gar nicht mit Autobiografie. Es ist aber eine Problembiografie."

Dieser Unangepasste passte nicht in das Bild, dem die Jugendlichen in der DDR entsprechen sollten. Edgar opponiert gegen überzogene Regeln und er will sich selbst verwirklichen. Wie er dachten viele junge Leute, nicht nur in der DDR. Und Edgar sprach ihre Sprache. Nur ein Jahr nach der Uraufführung der „Neuen Leiden" kritisierte Honecker diese Verweigerungshaltung, da sie dem Anspruch des Sozialismus widersprach. Edgar Wibeau aber war schon längst zu einer Kultfigur geworden und er blieb es. Vier Millionen Mal verkaufte sich Plenzdorfs Geschichte, die in 30 Sprachen übersetzt wurde.

Michael Opitz: *Unangepasster Romanheld der DDR*. In: Deutschlandfunk, 18.5.2012. https://www.deutschlandfunk.de/unangepasster-romanheld-der-ddr.871.de.html?dram:article_id=127703

Die Leiden des jungen Werther (Thomas Klupp)

„In der zehnten Klasse habe ich Werther einen Brief geschrieben. Ich war nicht der Einzige, wir alle haben Werther damals Briefe geschrieben, unsere Deutschlehrerin wollte das so. Wir sollten ihm den Freitod ausreden, kein Witz, es gab sogar Noten darauf. Ich bekam damals eine

BIOGRAFIE WORT- UND SACHERKLÄRUNGEN MATERIALIEN

Vier mit deutlicher Tendenz zur Fünf. Ich fand keine Argumente, um Werther vom Leben zu überzeugen. Es schien mir völlig richtig, dass er sich mit Alberts Pistolen ein Loch in den Schädel schoss. Der einzige Ausweg, den ich für ihn sah, war, Albert ein Loch in den Schädel zu schießen. Ich hätte damals im Handumdrehen einen Mordplan skizzieren können; offen gesagt habe ich das im Stillen getan. Allein, mir fehlte der Mut, den Plan zu äußern. Meine Deutschlehrerin sang mit meiner Mutter im Kirchenchor, und ich scheute den Konflikt. Ich riet Werther stattdessen, mit Lotte durchzubrennen. Sie zu einer Landpartie zu überreden, ihr Schlafpulver in den Tee zu mischen und sie in Italien wieder aufzuwecken. Das war, kurz gefasst, der Inhalt meines Briefes; er hat eine Vier mit Tendenz zur Fünf verdient. Wie gesagt wusste ich, nein, spürte ich ja, dass Werther sterben musste. So wie vor ihm Romeo hatte sterben müssen. So wie nach ihm Anna Karenina würde sterben müssen. So wie die Besten oft früh sterben müssen. Wer in der Literatur mit ganzem Herzen lebt und liebt, dem ist dieses Schicksal bestimmt. Und das ist auch gut so. Wie sonst könnten solche Passagen entstehen: „[...] o Lotte. Ich gehe voran! Gehe zu meinem Vater, zu deinem Vater, dem will ich's klagen und er wird mich trösten bis du kommst, und ich fliege dir entgegen und fasse dich und bleibe bei dir vor dem Angesicht des Unendlichen in ewigen Umarmungen.| Ich träume nicht, ich wähne nicht! nah am Grabe wird mir's heller. Wir werden sein!" Wir werden sein! Dieser Satz hat mir damals die Tränen in die Augen getrieben, er tut es noch heute, und das Unheimliche ist: Der Satz ist wahr wie kaum einer sonst. Werther *ist* ja tatsächlich. Millionenfach in den Herzen und Köpfen der Leser seit über zwei Jahrhunderten – und ich würde behaupten, das hat vor allem einen Grund: Weil er eine bedingungslose, vielleicht die bedingungsloseste Figur der deutschen Literatur ist, bedingungslos bis an die äußerste Grenze und darüber hinaus. Weil er die Kompromisse, die so selbstverständlich für unseren Alltag sind, nicht leben will und leben kann. Weil er absolut ist, absolut bis in den letzten Winkel seiner Seele hinein, und uns daran erinnert, was es bedeutet, absolut zu sein. Ich weiß nicht genau, ob diese Eigenschaft typisch ist für die Figuren des Sturm und Drang, ich weiß noch nicht einmal, ob ich den Text nicht vielleicht falsch lese, zu empathisch oder eindimensional womöglich, aber das ist mir offen gesagt egal. Was der Werther für mich war, ist und vermutlich immer sein wird: eine Literatur des Herzens. Eine Literatur des ungebändigten Herzens, die ich vor allem dann lese, wenn ich selbst am Schreibtisch sitze und zu sehr über die Konstruktion meiner eigenen Texte nachgrüble. Weil sie mich daran erinnert, dass allen konzeptionellen Überlegungen zum Trotz vor allem das Herz die starken Geschichten erzählt, nicht der Verstand.“

Thomas Klupp: *Die Leiden des jungen Werther*. In: Hans-Gerd Koch (Hg.): Sturm und Drang. Junge Autoren blicken auf eine Epoche. Düsseldorf: Artemis & Winkler, 2009. S. 99–100.

Werther! – Verfilmung des Romans (2008)

[...] 1976, vor Urzeiten also, wurde der Werther, genauer: die Verfilmung von Ulrich Plenzdorfs „Die neuen Leiden des jungen W.“, zum Karrierekatapult des Schauspielers und Liedermachers Klaus Hoffmann. Vom allerneuesten, lapidar „Werther“ betitelten Film nach Goethes legendärem Briefroman vom Liebenden, der den Tod wählt, weil seine Gefühle ins Leere schießen, lässt sich Ähnliches keineswegs erwarten. Nicht, weil der Titeldarsteller Stefan Konarske seit seinem 2006 enthusiastisch gefeierten Orest am Berliner Deutschen Theater keine Werthersche Schützenhilfe mehr braucht.

Auch nicht, weil Werthers angebetete Lotte von Hannah Herzsprung gespielt wird, die nach preisgekrönten Filmrollen in Chris Kraus' „Vier Minuten“ und Alain Gsponers „Das wahre Leben“ auf dem Weg zum Starstatus ist, den sie erreicht haben dürfte, sobald ihre Hauptrollen in der „Vorleserin“ und dem „Baader-Meinhof-Komplex“ das Publikum erreichen. Weshalb dieser Werther niemanden ins allgemeine Gedächtnis katapultieren wird, das ist die banale Tatsache, dass der Film Uwe Jansons unendlich langweilig ist.

Hätte er doch wenigstens auf den Vorspann verzichtet, in dem Werthers vermummter „Kumpel“ dem Zuschauer erzählt, was auf ihn zukommt. Zwei Sätze, und man weiß, dass mit diesem krampfhaft proletig-berlinischen Lost-Generation-Tonfall der hunderttausendste Versuch beginnt, eine zeitlos gültige Tragödie zu „aktualisieren“, weil sie sonst angeblich niemandem mehr etwas sagt. Informiert, dass Werther „der geilste Sack in ganz Berlin“ ist, sieht man gleich darauf die erwarteten, ewig gleichen Bilder – Großstadtnacht, Neongeflimmer, rasender Verkehr, wummernde Discos und wabernde Eckkneipen, später konterkariert mit romantischen Sonnenuntergängen, Seelandschaften und einsamen, hallenden Schneebildern, alles wirbelnd um dekorativ verhärmte, attraktiv kalte, geschminkte Gesichter, scheintot und scheinlebendig.

Unentwegt, wie es der Prolog verheißen hat, wird auf unsere verrottete und vereiste Welt verwiesen – und so versäumt man unter den optischen und verbalen, bis zum Überdruss bekannten Handkantenschlägen die wenigen ergreifenden Momente, in denen das brillante Spiel der beiden Hauptdarsteller (und auch das der gleichwertigen Nebenfiguren) dieses trendige, zeitlupenhafte Getöse überstrahlt.

Werthers aberwitziges „Her mit dem schönen Leben", einen Sekundenbruchteil bevor er sich erschießt, ist ein solcher Moment, in dem Stefan Konarske einem den Atem raubt. Doch wer hält es aus bis dahin? Wer erträgt die gestelzten Dialoge, deren Fäkaliensprache unfreiwillig zu erkennen gibt, dass sie dieselben Plattitüden plappert, die Seifenopern täglich in gestelztem Umgangshochdeutsch verbreiten? „Scheiß uff die Liebe": Man setze statt des uff ein auf – und der erregte Rat von Werthers Tom wird zur Aufforderung eines der schwadronierenden Schönlinge im täglichen „Marienhof" der ARD.

Aus dem Off liest Stefan Konarske Originalsätze Goethes: „Wir sehen glückliche Menschen, die nicht wir glücklich machen – und das ist unerträglich!" Was braucht es angesichts dieser Erkenntnis von der unerbittlichen Ichbezogenheit, zu der wir – und selbst Liebende oder auch gerade sie – fähig sein können, noch Rapperjargon und plumpe Transfers in vermeintlich zeitgemäße Milieus? Dass Uwe Janson Goethes Roman gelesen hat, wird niemand bezweifeln. Fragt sich nur, was er darin erkannte.

Dieter Bartetzko: *Bleib mir weg mit dem schönen Drama*. In: FAZ, 27.07.2011. https://www.faz.net/aktuell/feuilleton/medien/goethes-werther-verfilmt-bleib-mir-weg-mit-dem-schoenen-drama-1694997.html

Enkes Tod löst Werther-Effekt aus (dpa)

Der Suizid von Nationaltorwart Robert Enke hat Behördenangaben zufolge weitere Männer bewogen, sich zu töten. Die Suizidrate stieg nach Enkes Tod deutlich.

Der Nationaltorwart tötete sich vor gut einem Jahr, am 10. November 2009. Nach der Selbsttötung Robert Enkes stieg die Zahl der Suizide sprunghaft. Im Vergleich zum Vorjahr waren es 15,5 Prozent mehr, im Dezember noch 10,7 Prozent.

Im gesamten Jahr 2009 töteten sich insgesamt 1,3 Prozent mehr Menschen selbst als im Vorjahr. In den Monaten vor Enkes Tod war die Rate noch zurückgegangen.

Drei Viertel der insgesamt 9571 Getöteten waren Männer. Im Dezember 2009 war auffällig, dass im Vergleich zum Vorjahr doppelt so viele Männer zwischen 20 und 25 Jahre Suizid begingen.

Das Bundesamt für Statistik wollte keinen Zusammenhang zwischen der Zunahme und dem Selbstmord Enkes sehen. Statistiker aus Nordrhein-Westfalen aber erkannten in den Zahlen, die in ihrem Land ähnlich sind, ein deutliches Indiz für den Werther-Effekt: Nach der Veröffentlichung von Goethes Roman *Die Leiden des jungen Werther* 1774 hatten sich Selbstmorde gehäuft. Viele hatten die Romanvorlage nachgeahmt. Später wiesen Studien einen Zusammenhang zwischen der Berichterstattung über Selbstmorde und einem Anstieg der Taten nach.

Die Zeit, 23. 11.2010, Quelle: dpa-Meldung
https://www.zeit.de/gesellschaft/zeitgeschehen/2010-11/enke-selbstmord-werther

Der Werther-Effekt 2.0 (BR)

Nie ist die Gefahr vor einem Amoklauf so groß wie kurz nach einem Amoklauf. Doch warum treten Amokläufe in Serie auf? Ein Nachahmungseffekt sagen Experten – ähnlich der Selbstmordserie nach Goethes „Leiden des jungen Werther“.

„Wenn man eine solche Tat an einer Schule einmal im eigenen Land hat, steigt das Risiko enorm an, dass andere Jugendliche sich darauf beziehen und sagen, ich möchte auch unsterblich berühmt werden durch eine solche Tat“, erklärt Amokforscher Jens Hoffmann von der TU Darmstadt.

Dies sei nichts grundsätzlich Neues, werde nur jetzt auf Amokläufe bezogen. „Wir kennen das schon aus der Suizid-Forschung seit Jahrhunderten“, sagt Hoffmann. „Der sogenannte Werther-Effekt hat beschrieben, dass es nach der Veröffentlichung des Buches ‚Die Leiden des jungen Werther‘ von Johann Wolfgang von Goethe eine Selbstmordreihe gab, die sich an dem Buch orientiert hat.“ Die Forscher sprechen im Zusammenhang mit Amokläufen an Schulen, die ganz eigenen Gesetzen folgen und häufig einen Nachahmungs-Effekt haben, von sogenannten ‚Scripts‘. „Dieses kulturelle Skript, dieser Nachahmungs-Effekt, ist wirksamer bei Teenagern und bei jungen Erwachsenen“, erläutert Hoffmann.

Auch eine Untersuchung der Universität Würzburg, die zusammen mit einer amerikanischen Universität durchgeführt wurde, scheint dies zu belegen. „Die Studie zeigt, dass in der Regel nach einem Zeitraum von zehn Tagen nach einem Amoklauf ein weiterer stattfindet“, erklärt Armin Schmidtke vom Lehrstuhl für Psychologie. [...] Dass persönliche Probleme immer öfter in einem Amoklauf gipfeln, sei „eine neue kulturelle Handlungsmöglichkeit, die es früher so nicht gab“, sagt Hoffmann. [...] Warnsignale seien zum Beispiel, wenn sich ein Schüler stark mit Amokläufern oder anderen Gewalttätern identifiziert, echte oder unechte Waffen zeigt oder Selbstmordgedanken äußert. [...]

Eva Römpage, Heike Westram und Reiner Schmidt in Zusammenarbeit mit Klaus-Dieter Schuster: *Special Amokforschung*. BR, 18.7.2017. https://www.br.de/themen/wissen/amoklauf-amoklaeufer-werther-effekt100.html

Revolte im Kinderzimmer (Diana Weis)

Menlo Park, Kalifornien, 2014 – Auf einer Pressekonferenz erklärt Mark Zuckerberg, Erfinder und CEO des sozialen Netzwerks Facebook, warum er jeden Tag dasselbe trägt: „Ich möchte in meinem Leben so wenige Entscheidungen wie möglich treffen müssen, die nichts damit zu tun haben, wie ich mich am besten für diese Gesellschaft einsetzen kann." Zuckerbergs selbstgewählte Uniform besteht aus einem grauen T-Shirt mit Rundhalsausschnitt, Jeans und Turnschuhen der Marke New Balance. Massengefertigte Klamotten, die es problemlos in jeder Shopping Mall zu kaufen gibt. So angezogen dreht sich auf der Straße niemand nach ihm um. Die visuelle Taktik des schwerreichen Unternehmers lautet: Anpassung bis zur totalen Unsichtbarkeit. Damit steht der 30-Jährige für eine neue Generation junger Menschen, die der Mode als kreativem Ausdrucksmedium eine radikale Absage erteilen.

Ist die jugendliche Protestbewegung damit, gut 50 Jahre nachdem sie sich demonstrativ laut und unangepasst ins öffentliche Bewusstsein gedrängt hat, schon wieder am Ende? Ihr unbedingter Wille zur Sichtbarkeit im Straßenbild und ihre auffälligen, teils schockierenden Styles machten viel von der Anziehungskraft der Jugendkulturen nach dem Zweiten Weltkrieg aus. Jugendliche nutzten die Wirkungsmacht der Mode für sich und gaben dem Generationenkonflikt Zunder. Die Jugendkulturen brachen ganz bewusst mit den Sehgewohnheiten und Stilcodes des Mainstreams und inszenierten sich als visuelle Opposition. Das Untergehen in der grauen Masse, wie es Zuckerberg heute propagiert, war für sie eine Horrorvorstellung.

Da mutet es schon fast ironisch an, dass es heute gerade die bürgerliche Presse ist, die auf den modischen Anpassungswillen der Jugend mit heftigen Ekelbekundungen reagiert. Der jungen Generation wird ein Mangel an „Charisma" attestiert, sie sei „redlich, manierlich und unerträglich selbstgefällig". Die Kluft zwischen den Generationen offenbart sich hier auf ungewohnte Weise: Anstatt wie früher Sittenverfall und Widerspenstigkeit wirft man der Jugend nun Biederkeit und Überangepasstheit vor. Mit ihrer Strategie der modischen Assimilierung gelingt den Jugendlichen damit das Kunststück, die liberal geprägte Elterngeneration vor den Kopf zu stoßen.

Anfang 2014 gibt die New Yorker Trendagentur K-Hole der neuen Lust an der Unauffälligkeit einen Namen, der ihren widersprüchlichen Charakter abbildet: „Normcore“ ist ein Kompositum aus den Begriffen „normal“ und „hardcore“ – eigentlich einer besonders brachialen Spielart der Punkmusik. In ihrem „Youth Mode“-Trendreport schreiben die Experten von K-Hole, die selbst alle unter 30 Jahre alt sind, dass junge Menschen heute Individualität zunehmend als einen Zwang erfahren, von dem es sich zu befreien gilt. Stattdessen würden sie sich nach Gemeinsamkeit und Zugehörigkeit sehnen. Bedeutet das, dass Normalität die einzig noch verbleibende Form der Rebellion im 21. Jahrhundert ist? Um zu verstehen, welches revolutionäre Potenzial die Mode heute noch besitzt, lohnt es sich, die Geschichte der Jugendkulturen, ihren Einfluss auf die Mode und den historischen Prozess ihrer Kommodifizierung zu betrachten.

Ab 1944 setzt sich zunächst in den USA der Begriff „Teenager“ als Bezeichnung für Jugendliche zwischen 14 und 18 Jahren durch. Von Anfang an steckte dahinter eine Marketingstrategie, die darauf abzielte, Produkte speziell für diese Altersgruppe attraktiv zu machen und zu bewerben. Nach dem Ende des Zweiten Weltkriegs werden Jugendliche zum ersten Mal in der Geschichte als wirtschaftliche Zielgruppe mit eigenen Bedürfnissen und Ritualen wahrgenommen. Die jugendliche Oppositionsbewegung wird damit jedoch nicht erfunden, sondern lediglich in den ökonomischen Verwertungskreislauf eingespeist. Die Anfänge der Jugendkulturen lassen sich historisch weit früher verorten.

1774 erscheint Goethes Roman „Die Leiden des jungen Werther“. Sein Protagonist ist der Prototyp des sensiblen jugendlichen Antihelden, der an den Zwängen der Gesellschaft zerbricht. Im Grunde genommen ist der Werther eine ganz ähnliche Figur, wie sie später von James Dean verkörpert wird. Sein Grundproblem besteht in der typischen Zerrissenheit des modernen Menschen, dargestellt als Kluft zwischen innen und außen. Werther begreift sich selbst als ein hochkomplexes, gefühlsbetontes Individuum in einer freudlosen, feindlichen Umgebung. Zwischen Welt und Selbst, als schützende Hülle und zugleich Signalfläche seines empfindsamen Herzens, steht Werthers Kleidung, die er in seinen Briefen ausführlich beschreibt. Er ist fest davon überzeugt, dass sein Outfit wertvolle Auskunft über sein Innerstes gibt, und legt sogar fest, in welchem Aufzug er nach seinem Suizid begraben sein möchte. Werther trifft den Nerv der bürgerlichen Jugend, es kommt zu einer Reihe von Selbstmorden, die mit der Lektüre des Romans in Verbindung gebracht werden. Andere eifern ihrem Idol optisch nach und kleiden sich wie er in blauer Jacke, gelber Weste, ledernen Kniehosen, Stiefeln und rundem Filzhut. Dass auch Goethes Zeitgenossen vom aufrührerischen Potenzial der Kleidung überzeugt sind, zeigt sich darin, dass die Stadt Leipzig 1775 das Tragen der Werthertracht verbietet.

Mit der metaphorischen Umdeutung spezifischer Kleidungsstücke beginnt eine moderne Nutzungshistorie der Mode. Jugendliche Werther-Jünger erleben, dass sie mit ihrer Kleidung ein unübersehbares Zeichen setzen, das heftige Reaktionen auslöst und sogar die Staatsmacht auf den Plan ruft. Dabei ist ihre Protestform symptomatisch für die sich gerade entwickelnde bürgerliche Kultur, die sich anstatt durch Taten lieber durch die Wahl ihrer persönlichen Besitztümer verwirklicht. Dadurch, dass die Kleidung direkt am Körper getragen wird, eignet sie sich in besonderem Maße dazu, innere Haltungen und Ansichten nach außen zu demonstrieren. Was man am Leibe trägt, hat damit nichts Privates oder Intimes mehr, sondern wird zum öffentlichen Bekenntnis stilisiert. Ihre dichte, soziale Symbolik macht die Mode zu einem der wichtigsten Spielfelder, auf denen sich die bürgerliche Ideologie entwickeln und manifestieren kann. So betrachtet ist die bürgerliche Mode bereits im Kern das Ergebnis und nicht die Antithese des jugendlichen Protestgewandes. [...]

Diana Weis: *Revolte im Kinderzimmer*. In: Bundeszentrale für politische Bildung, 23.12.2014.
Dieser Artikel erschien erstmals in: Aus Politik und Zeitgeschichte (APuZ 1–3/2015)
https://www.bpb.de/gesellschaft/bildung/kulturelle-bildung/199043/revolte-im-kinderzimmer

Auch wir sind „Werther"-Opfer (Thorsten Lorenz, 2006)

Dieses Buch ist wahrhaft mit Blut geschrieben. Schon über das Titelblatt fließt ein gigantischer Blutfleck, der den schwarzen Titel überschmiert – als hätte Dracula persönlich die Hand des Layouters geführt. Blut, Blut, Blut, wohin man blickt. Man kann den Blutsfleck nicht nur sehen, man kann ihn sogar ertasten. Der Literaturwissenschaftler Martin Andree sorgt schon vor dem Aufschlagen seines neuen Buches [„Wenn Texte töten"] für einen PR-Effekt. Er weiß, wie man mit Lesern umgeht. Denn genau das ist sein Thema: die Tricks, die Programme, ja die Programmierung von Lesern durch Texte. Einfacher gesagt: Andree fragt, warum Texte eigentlich wirken, warum wir überhaupt mit Figuren leiden, heulen, lieben, verzweifeln, obwohl wir wissen, dass dies doch alles nur Buchstaben zwischen zwei Buchdeckeln sind, ob mit oder ohne Blutfleck.

Und seine Antwort lautet: Das ist kein psychologisches Geheimnis, sondern in den Texten selbst steht, wie es funktioniert. Man muss sie nur genau lesen, um zu wissen, wie wir am Ende von unseren eigenen Lektüren konditioniert werden. Und der wohl am besten darüber Bescheid wusste, war Johann Wolfgang von Goethe. Seine „Leiden des jungen Werther" sind ein einziges Trick-Universum, das nicht nur den Leser verführt, sondern auch noch zeigt, wie die Verführung funktioniert. Goethe durchschaut wie kein anderer bislang die Funktionsweisen moderner Öffentlichkeitsarbeit. Martin Andree:

„Ja, wir denken heute: Ja, Goethe, Werther, Schullektüre, ja was geht uns das heute an? Kaum jemand kann sich heute noch vorstellen, was für ein Hammer dieses Buch war, als es erschienen ist. 1774, Goethe hat es als 24-Jähriger geschrieben und hat kalkuliert eine Weltsensation hingelegt. Einen Erfolg, den es bis dahin in dieser Form nirgendwo gegeben hat. Dieses Buch wurde sofort in zig Sprachen übersetzt, war ein europäisches Phänomen, wurde überall nachgeahmt. Die Menschen trugen Werther-Frack und Werther-Mode, parfümierten sich mit Eau de Werther, sie sprachen in der Rhetorik des Romans, es brach ein unglaublicher Werther-Kult aus, Menschen aßen von Werther-Geschirren und tranken aus Werther-Tassen. Menschen pilgerten zu Werthers Grab. Und faszinierend ist, wie Goethe dieses PR-Stück eigentlich hinbekommen hat. Denn Goethe war damals jung, Goethe wollte Weltruhm. Und im Gegensatz zu dem Olympier, zu dem er sich später dann stilisierte, kann man sagen, dass Goethe hier sehr kalkuliert eine Sensation und ein Riesen-Marketing-Erfolg hervorgebracht hat."

Erfolg oder Katastrophe, je nachdem, wie man es sieht. Denn die Wirkung des Werther führte zu einer Tragödie: Einige Leser stürzten sich in den Selbstmord – aus unerfüllter Liebe oder was man damals für Liebe hielt. Wie konnte das geschehen? Goethe inszeniert, so Andree, eine neue Art und Weise der Lektüre. Er nennt sie „emphatisch", ein Wort, das Goethe selbst verwendet. Und das heißt: Es kommt darauf an, Literatur mit einer bis dahin nie gekannten Intensität zu lesen. Diese Intensität verwandelt den Text. Er ist eben nicht mehr nur Text, er überschreitet seine eigene Medialität. Er wird zu einer Welterfahrung. [...] Werther ist zum Beispiel selbst ein emphatischer Leser, der wiederholt dieselben Texte liest, und das in freier Natur. Er ist selbst Modell eines neuen Lesens der Unmittelbarkeit.

Und diese Unmittelbarkeit drückt sich auch in Gefühlen aus, die sehr viel mit Körperflüssigkeiten zu tun haben: Werther und seine geliebte Lotte

versinken in Tränen, und das Blut pulsiert. Goethe ist kein Superlativ zu schade, als wäre man in einer Werbemaschine: Es geht nicht einfach um das Herz, nein, um das ganze Herz; nicht nur um Gefühle, nein, sondern um wahre Gefühle; es geht nicht allein um die Schönheit der Natur, sondern um ihre unaussprechliche Schönheit. [...]
Ja, im Prinzip sind wir alle Werthers und Lottes geblieben. Wir lesen heute andere Texte oder wir gucken andere Filme. Aber die Mechanik, nach der das funktioniert, ist weitgehend gleich geblieben. [...]
Auf eine simple PR-Formel gebracht: Zum Erfolg wird, was bereits bei anderen erfolgreich ist. Goethes Werther wird zum Kult. Der Kult liebt heilige Orte, zu denen man pilgern kann – so etwas das Grab des Carl Wilhelm Jerusalem in Wetzlar. Jerusalems Selbstmord im Jahre 1772 war skandalöses Vorbild für Goethes Werk. Und sein Grab ruft Scharen von Pilgern zum Besuch. Pilger, die wiederum eine Gemeinde bilden – auch das untrügliches Kennzeichen kultischer Verehrung. Bilder, Symbole, Statuen, Kelche über Werther und Lotte, all diese Insignien des heutigen Tourismus hatten ursprünglich den Charakter von Reliquien, von Heiligenverehrung. [...]

Der Text soll gewissermaßen verschlungen werden, er soll existenzielle Bedeutung bekommen. Er soll Kultgegenstand werden, wie ja auch der Werther-Roman einen Kult ausgelöst hat am Werther-Grab. Das heißt, es geht immer darum, wie können Texte mehr werden als nur Texte? Wie kann die Lektüre über den bloßen Text, den bloßen Buchstabentext hinausgehen? Oder wie wird zum Beispiel so ein Buch wie der ‚Werther' zum Kultbuch? [...]

Auch wir sind Werther-Opfer. Nur heißen die modernen Medien heute nicht Buch, sondern Kino und Computer. Wir rätseln, wie es mitunter nach dem Besuch eines Kinofilmes oder nach der intensiven Bearbeitung von Computerspielen zu Gewalttaten kommt. Die Antwort lautete schon damals: Weil Medien ihre eigene Medialität überschreiten können und ins Leben eingreifen. Aber das ist kein psychologisches Geheimnis, sondern erfordert die Lektüre von Programmen. Andree legt eine solche Lektüre vor. Nun wissen wir: „Werther" ist immer noch das Betriebsgeheimnis unserer Rezeption. Und wir wollen Gott froh sein, dass nicht immer Blut dabei fließt.

Thorsten Lorenz: *Auch wir sind „Werther-Opfer". Martin Andree über Medienwirkung und Mediengewalt.* In: Deutschlandfunk, 26.12.2006. https://www.deutschlandfunk.de/auch-wir-sind-werther-opfer.700.de.html?dram:article_id=82983

BIOGRAFIE · WORT- UND SACHERKLÄRUNGEN · MATERIALIEN